KARL DUDENBOSTEL

Hausrecht, Leitungsmacht und Teilnahmebefugnis in der Betriebsversammlung

Schriften zum Sozial- und Arbeitsrecht

Band 39

Hausrecht, Leitungsmacht und Teilnahmebefugnis in der Betriebsversammlung

Von

Dr. Karl Dudenbostel

DUNCKER & HUMBLOT / BERLIN

D 6

Gedruckt 1978 bei Buchdruckerei Bruno Luck, Berlin 65
Printed in Germany
ISBN 3 428 04260 3

Vorwort

Die vorliegende Abhandlung hat im Wintersemester 1977/78 dem Fachbereich Rechtswissenschaft der Westfälischen Wilhelms-Universität als Dissertation vorgelegen. Das Manuskript wurde im Sommer 1977 abgeschlossen; einzelne Ergänzungen sind bis zum Frühjahr 1978 nachgetragen.

Danken möchte ich an dieser Stelle Herrn Bundesverfassungsrichter a. D. Prof. Dr. Hans Brox, Herrn Prof. Dr. Wilfried Schlüter und Herrn Prof. Dr. Friedrich Jülicher für die vielfältige Förderung der Arbeit und Frau Gisela Schafrin für die Betreuung des Manuskripts. Mein Dank gilt weiter Herrn Prof. Dr. Johannes Broermann für die Aufnahme der Arbeit in die Reihe „Schriften zum Sozial- und Arbeitsrecht".

Münster, im Mai 1978

Karl Dudenbostel

Inhaltsverzeichnis

Einleitung

I. Einführung

Nach dem Betriebsverfassungsgesetz werden die Mitwirkungs- und Beteiligungsrechte der Arbeitnehmer im wesentlichen vom Betriebsrat als deren gesetzlichem Vertretungsorgan wahrgenommen. Sowohl das Ziel einer möglichst wirkungsvollen Betriebsratsarbeit als auch der Gedanke demokratischer Kontrolle erfordern indessen einen regelmäßigen Austausch von Informationen und Anregungen zwischen Betriebsrat und den von ihm vertretenen Arbeitnehmern. Daneben besteht ein Interesse der Arbeitnehmer daran, von Seiten des Arbeitgebers über wichtige betriebliche Entwicklungen unterrichtet zu werden; der Arbeitgeber wird seinerseits Wert darauf legen, seinen Standpunkt in bestimmten betrieblichen Angelegenheiten deutlich zu machen.

Zur Verwirklichung dieser Ziele schreibt das Betriebsverfassungsgesetz in § 43 Abs. 1 S. 1 die vierteljährliche Durchführung einer Betriebsversammlung vor; diese besteht nach § 42 Abs. 1 S. 1 BetrVG aus den Arbeitnehmern des Betriebs und wird vom Betriebsratsvorsitzenden geleitet.

Der Aufgabe, die Meinungs- und Willensbildung der Arbeitnehmer zu fördern und die Zusammenarbeit mit dem Betriebsrat zu stärken, dienen zum einen der Tätigkeitsbericht des Betriebsrats nach § 43 Abs. 1 S. 1 BetrVG und der Bericht des Arbeitgebers über das Personal- und Sozialwesen und über die wirtschaftliche Lage und Entwicklung des Betriebs nach § 43 Abs. 2 S. 3 BetrVG. Darüberhinaus kann nach § 45 S. 1 BetrVG die Betriebsversammlung sämtliche betriebliche Angelegenheiten einschließlich solcher tarifpolitischer und wirtschaftlicher Art behandeln. Schließlich kann nach § 45 S. 2 BetrVG die Betriebsversammlung dem Betriebsrat Anträge unterbreiten und zu seinen Beschlüssen Stellung nehmen.

Auch wenn das Betriebsverfassungsgesetz somit die Mitwirkungsbefugnisse der Arbeitnehmer in der Betriebsversammlung eng umgrenzt, indem es der Betriebsversammlung keine Entscheidungsmacht, sondern nur ein Recht auf Information, Aussprache und Stellungnahme einräumt, so wird gleichwohl auch hier der Grundgedanke des Betriebsverfassungsrechts deutlich, den Arbeitnehmer aus der Stellung als Objekt des Betriebsgeschehens zu befreien[1].

Inwieweit allerdings dieses Ziel in der Betriebsversammlung erreicht werden kann, hängt nicht zuletzt davon ab, ob es gelingt, den einzelnen Arbeitnehmer für die Wahrnehmung seiner Belange zu interessieren[2]; das Betriebsverfassungsgesetz kann lediglich die äußeren Voraussetzungen dafür schaffen, daß die Betriebsversammlung die ihr gestellten Aufgaben erfüllen kann.

Zu diesem Zweck räumt das Betriebsverfassungsgesetz allen am Betriebsgeschehen beteiligten Kräften das Recht zur Teilnahme an der Betriebsversammlung ein. Nur wenn auch gegensätzliche Auffassungen in der Betriebsversammlung zu Wort kommen können, ist eine umfassende und ausgewogene Information der Arbeitnehmer des Betriebs gewährleistet. Neben den Arbeitnehmern des Betriebs und den Betriebsratsmitgliedern sind daher auch der Arbeitgeber (§ 43 Abs. 2 BetrVG) und die Beauftragten der im Betrieb vertretenen Gewerkschaften zur Teilnahme an der Betriebsversammlung berechtigt (§ 46 Abs. 1 S. 1 BetrVG). Schließlich kann der Arbeitgeber nach § 46 Abs. 1 S. 2 BetrVG einen Beauftragten der Vereinigung der Arbeitgeber zur Teilnahme an der Versammlung hinzuziehen.

Im Hinblick auf diesen unter Umständen recht großen Teilnehmerkreis und auf die durchaus verschiedenen Interessen der einzelnen Teilnehmergruppen bedarf die Betriebsversammlung einer funktionstüchtigen Organisation, die einen ordnungsgemäßen und möglichst sinnvollen Ablauf der Betriebsversammlung gewährleistet. Zu diesem Zweck überträgt das Betriebsverfassungsgesetz dem Betriebsratsvorsitzenden die Aufgabe der Versammlungsleitung (§ 42 Abs. 1 BetrVG). Als Versammlungsleiter hat der Betriebsratsvorsitzende darüber zu wachen, daß alle zur Teilnahme an der Betriebsversammlung berechtigten Personen Gelegenheit zur Stellungnahme erhalten. Daneben muß er dafür sorgen, daß die Betriebsversammlung nicht gegen Vorschriften des Betriebsverfassungsgesetzes verstößt.

II. Problematik

Das Betriebsverfassungsgesetz beschränkt sich indessen in den genannten Vorschriften darauf, den Teilnehmerkreis der Betriebsversammlung und die Person des Versammlungsleiters zu bestimmen. Inhalt und Grenzen der Leitungsmacht werden hingegen vom Betriebsverfassungsgesetz nicht näher bestimmt. Aus diesem Grund bleibt offen, inwieweit durch die gesetzliche Regelung der Betriebsversammlung die Rechtsstellung des Arbeitgebers als Eigentümer des Betriebs eingeschränkt wird.

---

[1] *Fabricius / GK*, vor § 42 BetrVG Rdnr. 5, 13; *Neumann-Duesberg*, S. 51 ff.

[2] Siehe hierzu *Blume*, S. 56; *Stevens*, S. 148.

1. In aller Regel findet die Betriebsversammlung in betrieblichen Räumen statt, die zu diesem Zweck vom Arbeitgeber zur Verfügung gestellt werden. Könnte nun der Arbeitgeber kraft seines Eigentums am Versammlungsraum willkürlich in den Ablauf einer Betriebsversammlung eingreifen und beispielsweise mißliebigen Personen den weiteren Aufenthalt im Versammlungsraum untersagen, so würde er damit in die an sich allein dem Betriebsratsvorsitzenden als Versammlungsleiter zustehende Befugnis eingreifen, darüber zu entscheiden, wer zur Teilnahme an einer Betriebsversammlung berechtigt ist. Das Leitungsrecht des Betriebsratsvorsitzenden wäre unter solchen Bedingungen praktisch ohne eigenständige Bedeutung.

Diese Gefahr, daß der Arbeitgeber in eine Betriebsversammlung eingreifen könnte, wird allerdings so lange als gering angesehen werden können, wie die Versammlung in etwa ordnungsgemäß, d. h. nach den Vorschriften des Betriebsverfassungsgesetzes, abläuft. Anders stellt sich die Lage jedoch dann dar, wenn die Versammlung von dem in § 45 BetrVG umschriebenen Zuständigkeitsrahmen abweicht oder wenn es zu Störungen, Auseinandersetzungen oder gar zu Tumulten unter den Versammlungsteilnehmern kommt. In einem solchen Fall liegt es nicht fern, daß der Arbeitgeber, insbesondere wenn er die Maßnahmen des Versammlungsleiters für unzureichend hält, eigenmächtig in die Betriebsversammlung eingreift und selbständig „für Ordnung sorgt", indem er die Störer aus dem Versammlungsraum weist oder gar die Betriebsversammlung für beendet erklärt.

Zu einem solchen Vorgehen wird sich der Arbeitgeber insbesondere dann für berechtigt halten, wenn durch die Störung der Versammlung eine Beschädigung der Einrichtung des Versammlungsraums droht. Aber auch dann, wenn die Versammlung äußerlich störungsfrei verläuft, könnte der Arbeitgeber versucht sein, in die Leitung der Betriebsversammlung einzugreifen, wenn unzulässigerweise allgemeinpolitische Erörterungen zum Gegenstand der Versammlung gemacht werden.

Da die regelmäßige Betriebsversammlung nach § 44 Abs. 1 S. 1 BetrVG während der Arbeitszeit stattfindet, entsteht durch jede — auch durch eine ordnungsgemäße — Betriebsversammlung ein Produktionsausfall. Unzulässige Erörterungen und Abschweifungen von der Thematik der Betriebsversammlung verzögern den Versammlungsablauf, was somit zu Lasten des Arbeitgebers geht. Darüber hinaus ist nach § 44 Abs. 1 S. 1 BetrVG den Arbeitnehmern die Zeit der Teilnahme an der Betriebsversammlung wie Arbeitszeit zu vergüten. Auch unter diesem Gesichtspunkt wird der Arbeitgeber erwägen, die Erörterung unzulässiger Themen zu unterbinden.

Auch wenn somit der Wunsch des Arbeitgebers nach einem gesetzmäßigen Ablauf der Betriebsversammlung durchaus berechtigt ist, so muß doch andererseits sichergestellt werden, daß die Unabhängigkeit der Betriebsversammlung nicht durch die Möglichkeit willkürlicher Eingriffe des Arbeitgebers in Frage gestellt wird. Aus diesem Grund bedarf es einer möglichst genauen Abgrenzung der Rechte des Arbeitgebers von den Leitungs- und Ordnungsbefugnissen des Betriebsratsvorsitzenden.

2. Ein weiterer Konflikt ergibt sich im Verhältnis zwischen den Rechten des Arbeitgebers einerseits und der selbständigen Teilnahmebefugnis der Betriebsversammlungsteilnehmer andererseits.

Auch wenn man die Rechtsstellung des Arbeitgebers im Hinblick auf die Leitungsbefugnis des Betriebsratsvorsitzenden für eingeschränkt hält, so sind damit dem Arbeitgeber zunächst nur solche Maßnahmen versagt, die unmittelbar in den Ablauf einer Betriebsversammlung eingreifen würden. Daneben stellt sich jedoch die Frage, ob nicht der Arbeitgeber bestimmten, an sich zur Teilnahme an einer Betriebsversammlung berechtigten Personen bereits den Zugang zum Betrieb untersagen kann. Auf diese Weise könnte der Arbeitgeber Einfluß auf Inhalt und Ablauf der Betriebsversammlung nehmen, ohne direkt in das Leitungsrecht des Versammlungsleiters einzugreifen.

Ein Anlaß für ein solches „Hausverbot“ gegen einen Versammlungsteilnehmer könnte sich beispielsweise dann ergeben, wenn der Arbeitgeber aufgrund bestimmter Umstände die Befürchtung hegt, das Teilnahmerecht solle dazu mißbraucht werden, den Betriebsfrieden zu stören. Der betroffene zugangswillige Versammlungsteilnehmer wird sich für diesen Fall fragen, ob er sich kraft seines Teilnahmerechts über den Widerspruch des Arbeitgebers hinwegsetzen darf oder ob er zur Durchsetzung seines Teilnahmerechts gerichtliche Hilfe in Anspruch nehmen muß.

3. Das Ziel der Betriebsversammlung, eine umfassende Information und eine freie Aussprache über sämtliche betriebliche Fragen zu ermöglichen, kann indessen nicht allein dadurch beeinträchtigt werden, daß der Arbeitgeber aufgrund seiner Rechte als Eigentümer des Betriebs vorschnell in die Organisation der Betriebsversammlung einzugreifen versucht. Neben dieser Frage, inwieweit durch Leitungsbefugnis und Teilnahmerecht die Rechtsstellung des Arbeitgebers beschränkt wird, bleibt nach dem Betriebsverfassungsgesetz auch das Problem ungelöst, in welchem Verhältnis die Rechte des Betriebsratsvorsitzenden als Leiter der Betriebsversammlung zu dem selbständigen Teilnahmerecht der Versammlungsteilnehmer stehen.

Diese Frage ist jedoch für einen sinnvollen und störungsfreien Ablauf der Betriebsversammlung von nicht minder großer Bedeutung. Im Hinblick auf die Vielzahl von Versammlungsteilnehmern und deren zum Teil gegensätzliche Interessen ist eine Aussprache über die betrieblichen Probleme ohne Kontroversen und Auseinandersetzungen weder denkbar, noch wäre sie überhaupt wünschenswert.

Dem Betriebsratsvorsitzenden als Versammlungsleiter obliegt deshalb die Aufgabe, darüber zu wachen, daß die Grenzen sachlicher Meinungsäußerung nicht überschritten werden, daß insbesondere Ehrverletzungen unterbleiben und daß sämtliche in der Betriebsversammlung vertretenen Auffassungen zu Wort kommen können, soweit sie die Thematik der Betriebsversammlung betreffen. Dazu wird allerdings häufig ein lenkender Eingriff des Versammlungsleiters erforderlich sein, der in einer Ermahnung, unter Umständen jedoch auch in einem Wortentzug oder einem Sprechverbot bestehen kann. Als letzte und schwerste Maßnahme kommt schließlich ein Ausschluß von der Versammlung in Betracht. Schließlich hat der Versammlungsleiter auch dafür zu sorgen, daß nur solche Personen Zutritt zur Betriebsversammlung haben, die nach dem Betriebsverfassungsgesetz zur Teilnahme berechtigt sind.

Sowohl bei der Maßregelung eines unzulässigen Teilnehmerverhaltens als auch bei der Bestimmung des Teilnehmerkreises der Betriebsversammlung werden sich jedoch Zweifelsfälle und Abgrenzungsprobleme nicht vermeiden lassen. So kann es etwa im Einzelfall durchaus umstritten sein, ob das Verhalten eines Teilnehmers als so schwerwiegende Störung der Betriebsversammlung anzusehen ist, daß ein Ausschluß von der Versammlung in Betracht kommt. Dieselbe Problematik kann auch dann auftreten, wenn der Versammlungsleiter einer an sich zur Teilnahme berechtigten Person den Zutritt zum Versammlungsraum verwehren will, weil er befürchtet, daß das Teilnahmerecht zu unzulässigen Erörterungen oder gar zu Störungen der Betriebsversammlung mißbraucht werden könnte.

Nicht immer wird sich jedoch ein von der Betriebsversammlung ausgeschlossener oder zur Versammlung gar nicht erst zugelassener Teilnehmer mit einer Maßnahme des Versammlungsleiters zufriedengeben. Hält er — sei es zu Recht oder zu Unrecht — den Ausschluß von der Versammlung für unberechtigt oder gar für willkürlich, so wird er sich fragen, ob er die Maßnahme des Versammlungsleiters überhaupt beachten muß oder ob ihm nicht aufgrund seines Teilnahmerechts ein Recht zur Anwesenheit in der Betriebsversammlung zusteht, in das der Versammlungsleiter nur bei Vorliegen eines sachlichen Grundes eingreifen kann.

III. Gang der Darstellung

Das erste Kapitel der Arbeit (§§ 1 bis 3) enthält einen Überblick über die bislang in Rechtsprechung und Schrifttum vertretenen Auffassungen zu den eben genannten Problemen bei der Abgrenzung von Hausrecht, Leitungsmacht und Teilnahmebefugnis.

Im zweiten Kapitel der Arbeit (§§ 4 und 5) sollen dann die bisherigen Ansichten und Lösungsversuche einer kritischen Überprüfung unterzogen werden, und zwar sowohl in methodischer Hinsicht als auch im Hinblick auf die Überzeugungskraft der erzielten Ergebnisse. Zum einen ist hier auf die von der herrschenden Meinung vertretene These einzugehen, eine Betriebsversammlung verliere unter bestimmten Umständen ihren Charakter als Betriebsversammlung im Sinne des Betriebsverfassungsgesetzes. Zum anderen soll der rechtlichen Bedeutung des Hausrechtsbegriffs nachgegangen werden, auf den die herrschende Meinung zur Begründung bestimmter Ergebnisse immer wieder zurückgreift.

Die aus dieser Kritik gewonnenen Einsichten und Ansätze sollen dann im dritten Kapitel der Arbeit (§§ 6 bis 10) zu einer eigenen Lösung verarbeitet werden, die zum einen in ihren Ergebnissen die Mängel der bisherigen Auffassungen vermeidet und zum anderen eine klare, auch dogmatisch befriedigende Begründung vorweisen kann.

Erstes Kapitel

Überblick über die bisherige Behandlung der Problematik in Rechtsprechung und Schrifttum

§ 1 Das Hausrecht am Betriebsversammlungsraum

I. Das Hausrecht in der rechtmäßigen Betriebsversammlung

1. Die Einschränkung des Hausrechts des Arbeitgebers im Rahmen der Betriebsversammlung

Bereits für die Betriebsversammlung nach §§ 45 ff. BRG[1] wurde im Schrifttum vereinzelt die Frage erörtert, ob der Arbeitgeber als Eigentümer des Versammlungsraums in den Ablauf der Betriebsversammlung eingreifen könne.

Flatow/Kahn-Freund[2] vertraten die Auffassung, das Hausrecht des Arbeitgebers an dem für die Betriebsversammlung zur Verfügung gestellten Raum ruhe während der Betriebsversammlung. Statt dessen stehe dem Betriebsratsvorsitzenden als Leiter der Betriebsversammlung ein ausschließliches Hausrecht am Versammlungsraum zu[3]. Infolgedessen könne der Arbeitgeber weder einen Arbeitnehmer noch vor allem einen nach § 47 BRG teilnahmeberechtigten Gewerkschaftsvertreter aus dem Versammlungsraum entfernen[4].

Auch nach der Auffassung von Mansfeld[5] und Feig/Sitzler[6] sollte während der Betriebsversammlung das Hausrecht am Versammlungsraum dem Betriebsratsvorsitzenden zustehen. Entgegen der Ansicht von Flatow/Kahn-Freund, die den ausschließlichen Charakter des Hausrechts des Betriebsratsvorsitzenden betonten, sollte jedoch nach Mansfelds Meinung neben diesem Hausrecht des Versammlungsleiters dasjenige des Arbeitgebers, „wenn auch in beschränktem Umfang", fortbestehen[7].

[1] Betriebsrätegesetz vom 22. Februar 1920, RGBl. S. 147 ff.

[2] *Flatow / Kahn-Freund,* § 45 BRG Anm. 7.

[3] *Flatow / Kahn-Freund,* § 45 BRG Anm. 7, § 36 BRG Anm. 12.

[4] *Flatow / Kahn-Freund,* § 45 BRG Anm. 7.

[5] *Mansfeld,* § 45 BRG Anm. 2.

[6] *Feig / Sitzler,* § 36 BRG Anm. 5.

[7] *Mansfeld,* § 45 BRG Anm. 2.

Feig/Sitzler vertraten die Auffassung, der Betriebsratsvorsitzende sei an den vom Arbeitgeber zur Verfügung gestellten Räumen „Dritten gegenüber“ als Inhaber des Hausrechts anzusehen[8]. Welche Bedeutung diese einschränkenden Formulierungen im Hinblick auf etwaige Eingriffsbefugnisse des Arbeitgebers haben sollten, wurde von den genannten Autoren indessen nicht näher erörtert.

Für die Betriebsversammlung nach dem Betriebsverfassungsgesetz stimmen Rechtsprechung und Schrifttum darin überein, daß der Arbeitgeber nicht beliebig aufgrund seines Hausrechts in den Ablauf einer Betriebsversammlung eingreifen kann[9]. Die Entscheidung, wer sich im Versammlungsraum aufhalten und an der Betriebsversammlung teilnehmen darf, soll vielmehr nach herrschender Meinung jedenfalls solange allein beim Betriebsratsvorsitzenden liegen, wie die Vorschriften des Betriebsverfassungsgesetzes über die Durchführung der Betriebsversammlung beachtet werden; dies gilt auch dann, wenn der Arbeitgeber selbst an der Betriebsversammlung teilnimmt[10].

Zur Begründung dieser Auffassung wird in Rechtsprechung und Schrifttum ausgeführt, das Hausrecht des Arbeitgebers werde durch die Vorschriften des Betriebsverfassungsgesetzes über die Durchführung der Betriebsversammlung eingeschränkt; das Hausrecht am Versammlungsraum stehe während der Betriebsversammlung allein dem Betriebsratsvorsitzenden als Leiter der Betriebsversammlung zu[11].

Dieselbe Auffassung vertritt auch das Schrifttum zur Personalversammlung nach den Personalvertretungsgesetzen des Bundes und der Länder. Danach soll das Hausrecht am Raum der Personalversammlung nicht dem Dienststellenleiter, sondern dem Personalratsvorsitzenden als Leiter der Personalversammlung zustehen[12].

---

[8] *Feig / Sitzler*, § 36 BRG Anm. 5.

[9] BAG 15, S. 307 ff. = AP Nr. 1 zu § 45 BetrVG (1952); BAG 19, S. 236 ff. = AP Nr. 2 zu § 45 BetrVG (1952); *Fabricius / GK*, § 42 BetrVG Rdnr. 42 ff., 51; *Dietz / Richardi*, § 42 BetrVG Rdnr. 25; *Fitting / Auffarth / Kaiser*, § 42 BetrVG Rdnr. 18; *Erdmann / /Jürging / Kammann*, § 42 BetrVG Rdnr. 10; *Galperin / Löwisch*, § 42 BetrVG Rdnr. 22; *Gnade / Kehrmann / Schneider*, § 42 BetrVG Rdnr. 6; *Brecht*, § 42 BetrVG Rdnr. 4; *Frauenkron*, § 42 BetrVG Rdnr. 9; *Mager / Wisskirchen*, § 41 BetrVG (1952) Rdnr. 6; *Neumann-Duesberg*, S. 219; *ders.*, BB 1965, S. 1399; *Maus*, X B, § 42 BetrVG Anm. 4 b; *Hueck / Nipperdey*, Bd. II/2, S. 1213; *Nikisch*, Bd. III, S. 223; *Bobrowski / Gaul*, S. 796; *Vogt*, S. 78; *Röhsler*, AR-Blattei, D I 3; *Gross*, RdA 1953, S. 91 (92); *Jaenecke*, DB 1957, S. 380; *Säcker*, BB 1966, S. 700 (702); *Kraft*, AuR 1961, S. 230 (232); *Wagner*, DB 1954, S. 976; *Höhne*, BB 1953, S. 770 (772); *Joachim*, BetrVerf 1954, Heft 9, S. 8; *Mießner*, S. 44; *Stevens*, S. 83; *Wiesmüller*, S. 96; im Ergebnis auch *Schlüter / Dudenbostel*, DB 1974, S. 2350 (2353).

[10] *Mießner*, S. 83; *Rüthers*, ZfA 1974, S. 207 (232); *Stevens*, S. 83.

[11] Vgl. FN 9; kritisch *Mayer-Maly*, Anm. zu BAG AP Nr. 2 zu § 45 BetrVG (1952).

2. *Das Hausrecht des Betriebsratsvorsitzenden als vom Arbeitgeber abgeleitetes Recht oder als originäre betriebsverfassungsrechtliche Befugnis*

Keine Einigkeit besteht jedoch unter den Vertretern der herrschenden Meinung in der Frage, wie der Wechsel der Hausrechtsbefugnis vom Arbeitgeber zum Betriebsratsvorsitzenden rechtlich zu erklären ist.

a) Das Hausrecht des Betriebsratsvorsitzenden als abgeleitetes Recht

Nach der überwiegenden Auffassung soll das Hausrecht im Betriebsversammlungsraum für die Zeit der Betriebsversammlung vom Arbeitgeber auf den Betriebsratsvorsitzenden übergehen[13] bzw. vom Arbeitgeber im Rahmen der Betriebsversammlung auf den Betriebsratsvorsitzenden als Versammlungsleiter delegiert werden[14].

Das Hausrecht des Betriebsratsvorsitzenden ist also nach dieser Auffassung ein vom Arbeitgeber abgeleitetes Recht, das dem Betriebsratsvorsitzenden kraft Gesetzes oder in Folge eines Übertragungsaktes zusteht.

Ein Teil des Schrifttums vertritt allerdings einschränkend die Ansicht, dem Arbeitgeber bleibe trotz des Hausrechtsübergangs auf den Betriebsratsvorsitzenden ein gewisser Teil seiner Hausrechtsbefugnis erhalten[15]. So soll nach der Auffassung von Neumann-Duesberg der Betriebsratsvorsitzende zwar „Träger des vollen Hausrechts" am Betriebsversammlungsraum sein[16]. Gleichwohl soll jedoch dem Arbeitgeber ein gewisser „Rest" des Hausrechts erhalten bleiben, mit dessen Hilfe er gegen rechtswidrig Teilnehmende, gegen Verletzer seines Persönlichkeitsrechts und gegen Beschädiger seines Eigentums vorgehen könne. Desgleichen soll er im Katastrophenfall aufgrund des ihm verbliebenen Hausrechtsteils eigenständige Maßnahmen treffen können, ohne auf die Mitwirkung des Betriebsratsvorsitzenden angewiesen zu sein[17].

---

[12] *Grabendorff / Windscheid / Ilbertz,* § 48 BPersVG Rdnr. 11; *Kuhn / Sabottig / Schneider / Thiel / Wehner,* § 48 BPersVG Rdnr. 6; *Dietz,* § 46 PersVG Rdnr. 35; *Molitor,* § 46 PersVG Rdnr. 6; *Fitting / Heyer / Lorenzen,* § 46 PersVG Rdnr. 6; *Rewolle / Lorentz,* § 46 PersVG Rdnr. 2; *Rengier,* S. 286; *Engelhard / Ballerstedt,* § 55 Nds. PersVG Rdnr. 7.

[13] *Neumann-Duesberg,* BB 1965, S. 1399; *Kraft,* AuR 1961, S. 230 (232); *Gross,* RdA 1953, S. 91 (93); *Jaenecke,* DB 1957, S. 380; *Mießner,* S. 44.

[14] *Reckenfelderbäumer,* SAE 1952, S. 127; *Röhsler,* AuR 1959, S. 353 (358).

[15] *Vogt,* S. 78; *Neumann-Duesberg,* BB 1965, S. 1399; *Mießner,* S. 45 ff.

[16] *Neumann-Duesberg,* BB 1965, S. 1399.

[17] *Neumann-Duesberg,* BB 1965, S. 1399.

Zu demselben Ergebnis kommen auch Mießner[18] und Vogt[19]. Nach ihrer Ansicht bleibt die Substanz des Hausrechts auch während einer Betriebsversammlung beim Arbeitgeber; der Betriebsratsvorsitzende ist lediglich zur Ausübung des Hausrechts am Betriebsversammlungsraum berechtigt[20]. Bei Unglücksfällen und anderen außerordentlichen Umständen soll daher der Arbeitgeber auch ohne Mitwirkung des Betriebsratsvorsitzenden die erforderlichen Maßnahmen veranlassen können, da er insoweit das Hausrecht am Betriebsversammlungsraum nie verloren habe[21].

b) Das Hausrecht des Betriebsratsvorsitzenden als originäre betriebsverfassungsrechtliche Befugnis

Entgegen der herrschenden Meinung soll nach der Auffassung von Fabricius[22] dem Betriebsratsvorsitzenden ein originäres „betriebsverfassungsrechtliches Hausrecht" am Raum der Betriebsversammlung zustehen.

Das Hausrecht des Arbeitgebers geht danach nicht auf den Betriebsratsvorsitzenden über; es ruht lediglich, so daß der Arbeitgeber nicht in den Ablauf der Betriebsversammlung eingreifen kann. Ähnlich scheint auch die Ansicht von Säcker[23], der das Hausrecht des Betriebsratsvorsitzenden als mit dem Leitungsrecht nach § 42 Abs. 1 BetrVG „essentiell notwendig verbunden" bezeichnet. Auch nach der Ansicht von Dietz/Richardi[24] und Nikisch[25] geht das Hausrecht des Arbeitgebers nicht auf den Betriebsratsvorsitzenden über. Dem Betriebsratsvorsitzenden steht vielmehr das Hausrecht zu als „Folge der Befugnis, die Betriebsversammlung zu leiten"[26].

Fabricius führt zur Begründung dieser Auffassung an, das „sozialrechtliche Problem" der Betriebsversammlung könne entgegen der herrschenden Meinung nicht mit Hilfe des individualrechtlichen Instrumentariums des BGB gelöst werden[27]. Verstehe man das Hausrecht des Betriebsratsvorsitzenden als ein vom Arbeitgeber abgeleitetes Recht, so werde damit an die sachenrechtliche Rechtslage an den betrieblichen Räumlichkeiten angeknüpft. Wie man auch immer die

---

[18] *Mießner*, S. 47.
[19] *Vogt*, S. 78.
[20] *Mießner*, S. 47.
[21] *Mießner*, S. 48; *Mayer-Maly*, Anm. zu BAG SAE 1964, S. 165.
[22] *Fabricius / GK*, § 42 BetrVG Rdnr. 46 ff., 51.
[23] *Säcker*, BB 1966, S. 700 (702/703).
[24] *Dietz / Richardi*, § 42 BetrVG Rdnr. 26.
[25] *Nikisch*, Bd. III, S. 223.
[26] *Dietz / Richardi*, § 42 BetrVG Rdnr. 26.
[27] *Fabricius / GK*, § 42 BetrVG Rdnr. 48.

eigentums- und besitzrechtliche Stellung von Betriebsratsvorsitzendem und Arbeitgeber hinsichtlich des Versammlungsraums beurteile, bestehe in jedem Fall die Gefahr, daß der Arbeitgeber aufgrund der ihm verbliebenen Befugnisse in den Ablauf der Betriebsversammlung eingreife[28]. Eine solche Konkurrenzsituation lasse sich nur vermeiden, wenn man entgegen der herrschenden Meinung das Hausrecht des Betriebsratsvorsitzenden als originäres Recht auffasse, das dem Hausrecht des Arbeitgebers vorgehe. Ebenso, wie sich die Leitungsgewalt nach § 42 Abs. 1 BetrVG nicht vom Arbeitgeber herleite, sondern dem Betriebsratsvorsitzenden durch das Betriebsverfassungsgesetz zugewiesen werde, müsse daher auch das Hausrecht des Betriebsratsvorsitzenden als originäre, betriebsverfassungsrechtliche Befugnis verstanden werden[29].

II. Das Hausrecht in der rechtswidrigen Betriebsversammlung

1. Die Rechtmäßigkeit der Betriebsversammlung als Voraussetzung der Leitungs- und Hausrechtsbefugnis des Betriebsratsvorsitzenden

Die oben dargestellte These der herrschenden Meinung, das Hausrecht des Arbeitgebers werde durch die Vorschriften des Betriebsverfassungsgesetzes über die Durchführung der Betriebsversammlung eingeschränkt und stehe statt dessen dem Betriebsratsvorsitzenden zu, soll nach ganz überwiegender Auffassung nur so lange gelten, wie die Betriebsversammlung ihren gesetzlichen Rahmen nicht überschreitet.

Kommt es hingegen in der Betriebsversammlung zu Verstößen gegen das Betriebsverfassungsgesetz, so soll nach herrschender Meinung das Hausrecht am Betriebsversammlungsraum wieder allein dem Arbeitgeber zustehen[30].

In einem solchen Fall soll das Hausrecht des Arbeitgebers „wiederaufleben“[31], an den Arbeitgeber „zurückfallen“[32] oder dem Arbeitgeber

---

[28] *Fabricius / GK*, § 42 BetrVG Rdnr. 49, 50.

[29] *Fabricius / GK*, § 42 BetrVG Rdnr. 51.

[30] *Dietz / Richardi*, § 42 BetrVG Rdnr. 26; *Fitting / Auffarth / Kaiser*, § 42 BetrVG Rdnr. 18; *Erdmann / Jürging / Kammann*, § 42 BetrVG Rdnr. 10; *Galperin / Löwisch*, § 42 BetrVG Rdnr. 23; *Neumann-Duesberg*, S. 219; *Vogt*, S. 78; *Jaenecke*, DB 1957, S. 380 (381); *Kraft*, AuR 1961, S. 230 (232); *Gross*, RdA 1953, S. 91 (93); *Mießner*, S. 124; *Stevens*, S. 103; *Wiesmüller*, S. 96.

Ebenso für die Personalversammlung: *Dietz*, § 46 PersVG Rdnr. 36; *Fitting / Heyer / Lorenzen*, § 46 PersVG Rdnr. 2.

A. A. *Joachim*, BetrVerf 1954, Heft 9 S. 10; *Schlüter / Dudenbostel*, DB 1974, S. 2350 (2353).

[31] *Jaenecke*, DB 1957, S. 380 (381).

[32] *Neumann-Duesberg*, S. 223; *Mießner*, S. 125.

„wieder zuwachsen“[33]. Nach einer ähnlichen Ansicht soll der Arbeitgeber „ein Rücktrittsrecht ausüben“[34] und das volle Hausrecht „wieder an sich ziehen“ können[35].

Auch diejenigen Autoren, die entgegen der herrschenden Meinung das Hausrecht des Betriebsratsvorsitzenden als originäre, nicht vom Arbeitgeber abgeleitete Befugnis verstehen, kommen in dieser Frage zu keinem anderen Ergebnis: Nach Dietz/Richardi[36] soll das Hausrecht des Betriebsratsvorsitzenden erlöschen, wenn die Betriebsversammlung infolge von Gesetzesverstößen rechtswidrig wird. Der Arbeitgeber soll dann auf sein bislang ruhendes Hausrecht zurückgreifen können. Fabricius[37] vertritt die Ansicht, das vorrangige betriebsverfassungsrechtliche Hausrecht des Betriebsratsvorsitzenden bestehe nur im Rahmen einer ordnungsgemäßen Betriebsversammlung, d. h. solange, wie der Versammlungsleiter Störungen allein beseitigen wolle und könne. Darüberhinaus bleibe das Hausrecht des Arbeitgebers bestehen, so daß der Arbeitgeber in eine nicht ordnungsgemäße Betriebsversammlung aufgrund seines Hausrechts eingreifen könne.

Eine abweichende Ansicht, die im Schrifttum jedoch keine weitere Beachtung gefunden hat, wird von Joachim[38] vertreten. Nach seiner Auffassung soll selbst in einer rechtswidrigen Betriebsversammlung das Hausrecht des Betriebsratsvorsitzenden am Versammlungsraum bestehen bleiben. Andernfalls bestehe die Gefahr, daß der Arbeitgeber ständig in das selbständige Leitungsrecht des Betriebsratsvorsitzenden eingreife[39].

Demgegenüber führt die herrschende Meinung[40] an, daß in einem solchen Fall die Versammlung „ihren Charakter als Betriebsversammlung“ verliere, bzw. daß die Versammlung „keine Betriebsversammlung im Sinne des Betriebsverfassungsgesetzes“ sei. Statt dessen sei

---

[33] *Fitting / Auffarth / Kaiser,* § 42 BetrVG Rdnr. 18; *Stevens,* S. 103/104.

[34] *Reckenfelderbäumer,* SAE 1952, S. 127.

[35] *Reckenfelderbäumer,* SAE 1952, S. 127; *Röhsler,* AuR 1959 S. 353 (358).

[36] *Dietz / Richardi,* § 42 BetrVG Rdnr. 26.

[37] *Fabricius / GK,* § 42 BetrVG Rdnr. 53.

[38] *Joachim,* BetrVerf 1954, Heft 9, S. 8 (10).

[39] *Joachim,* BetrVerf 1954, Heft 9, S. 10. Im Ergebnis auch *Schlüter / Dudenbostel,* DB 1974, S. 2350 (2353).

[40] *Dietz / Richardi,* § 42 BetrVG Rdnr. 26; *Fitting / Auffarth / Kaiser,* § 42 BetrVG Rdnr. 18; *Galperin / Löwisch,* § 42 BetrVG Rdnr. 23; *Stege / Weinspach,* S. 219, 220; *Meissinger,* § 45 BetrVG (1952) Anm. 4; *Neumann-Duesberg,* S. 223; *Vogt,* S. 79; *Mießner,* S. 101, 124 ff.; *Wiesmüller,* S. 94 ff.; ebenso LAG Düsseldorf AP Nr. 7 zu § 43 BetrVG (1952) bezüglich der Vergütungspflicht des Arbeitgebers.

Kritisch zur These vom Verlust des Betriebsversammlungscharakters: *Fabricius / GK,* § 42 BetrVG Rdnr. 5; *Hueck / Nipperdey,* Bd. II/2, S. 1214 FN 5 a; *Nikisch,* Bd. III, S. 217, 226; *Schlüter / Dudenbostel,* DB 1974, S. 2350 (2351).

sie bloße „Belegschaftsversammlung“[41], auf die die Vorschriften des Betriebsverfassungsgesetzes keine Anwendung finden könnten.

Aber auch soweit betont wird, selbst eine rechtswidrige Betriebsversammlung bleibe Betriebsversammlung im Sinne des Betriebsverfassungsgesetzes[42], soll der Arbeitgeber aufgrund seines Hausrechts in eine rechtswidrige Betriebsversammlung eingreifen können, wenn Vorschriften des Betriebsverfassungsgesetzes verletzt werden und der Betriebsratsvorsitzende nicht eingreift. Insoweit werde das Hausrecht des Arbeitgebers von vornherein nicht beschränkt[43].

Zur Begründung dieser Auffassung führt Mießner[44] an, die These, das Hausrecht des Arbeitsgebers werde im Rahmen der Betriebsversammlung eingeschränkt, diene allein dem Ziel, die Mitbestimmungs- und Mitwirkungsrechte der Belegschaft zu verwirklichen. In dem Augenblick, in dem die Belegschaft die ihr zuerkannten Rechte überschreite, entfalle jedoch der innere Grund für die Einschränkung der Rechte des Arbeitgebers. Von diesem Zeitpunkt an müßten daher die an der Betriebsversammlung beteiligten Personen wieder allein den Anordnungen des Arbeitgebers folgen. Darüber hinaus rechtfertige sich der Rückfall der vollen Ausübungsberechtigung des Hausrechts auch aus dem Gedanken der Notwehr[45]. Wie sich aus § 227 BGB und § 53 StGB (a. F.) ergebe, sei unter dem Begriff der Notwehr die Abwehr eines rechtswidrigen Angriffs zu verstehen. Die Rechtswidrigkeit des Angriffs ergebe sich hier schon daraus, daß sich bei einer Überschreitung der Befugnisse nach dem Betriebsverfassungsgesetz kein Rechtfertigungsgrund für den Eingriff in die Rechtsstellung des Arbeitgebers anführen lasse[46]. Verurteile man den Arbeitgeber im Fall rechtswidriger Ausübung der Mitbestimmungsrechte zur Untätigkeit, so werde damit ein Rechtsmißbrauch sanktioniert[47].

Auch Jaenecke[48] betont, der Gesetzgeber könne nicht gewollt haben, daß der Arbeitgeber innerhalb seiner Fabrikräume einen rechtswidrigen Versammlungsablauf hinnehmen müsse, um vielleicht erst Wochen später einen Beschluß des Arbeitsgerichts zu erhalten. Ein befriedigen-

---

[41] *Mießner*, S. 124; *Wiesmüller*, S. 94.

[42] *Fabricius / GK*, § 42 BetrVG Rdnr. 5; *Nikisch*, Bd. III, S. 217, 223 FN 75; *Hueck / Nipperdey*, Bd. II/2, S. 1214 FN 5 a.

[43] *Nikisch*, Bd. III, S. 223; *Fabricius / GK*, § 42 BetrVG Rdnr. 53, § 46 BetrVG Rdnr. 20; wohl auch *Hueck / Nipperdey*, Bd. II/2, S. 1214 FN 5 a.

[44] *Mießner*, S. 124.

[45] *Mießner*, S. 126; ebenso *Bobrowski / Gaul*, S. 796; *Neumann-Duesberg*, S. 223; *Wiesmüller*, S. 96.

[46] *Mießner*, S. 126.

[47] *Mießner*, S. 128.

[48] *Jaenecke*, DB 1957, S. 380 (381).

des Ergebnis könne daher nur erzielt werden, wenn man bei Verstößen gegen das Betriebsverfassungsgesetz die Versammlung nicht mehr als Betriebsversammlung ansehe.

2. *Einzelfälle*

Unterschiedliche Auffassungen bestehen jedoch in der Frage, unter welchen Voraussetzungen die Betriebsversammlung rechtswidrig wird, so daß das Hausrecht am Versammlungsraum wieder uneingeschränkt dem Arbeitgeber zusteht.

a) Verstoß gegen das Gebot der Nichtöffentlichkeit der Betriebsversammlung

Nach der Vorschrift des § 42 Abs. 1 S. 2 BetrVG ist die Betriebsversammlung nicht öffentlich.

Die herrschende Meinung[49] versteht diese Vorschrift als zwingende Regelung, von der die Betriebsversammlung nicht abweichen dürfe. Zur Begründung dieser Auffassung wird angeführt[50], außenstehende Personen sollten nach der Konzeption des Betriebsverfassungsgesetzes keinen Einfluß auf das Betriebsgeschehen haben. Darüber hinaus solle durch das Gebot der Nichtöffentlichkeit dem Interesse des Arbeitgebers Rechnung getragen werden, daß betriebliche Interna nicht beliebig der Öffentlichkeit zugänglich gemacht werden sollten[51].

Demgegenüber soll nach der Auffassung von Fabricius[52] die Betriebsversammlung durch einstimmigen Beschluß die Anwesenheit Dritter, insbesondere der Presse, zulassen können, wenn Arbeitgeber und Betriebsrat dem zuvor zugestimmt haben. Auch nach der Ansicht von Fitting/Auffarth/Kaiser[53] und Galperin/Löwisch[54] bestehen gegen die Teilnahme von Gästen keine Bedenken, wenn ein sachlicher Grund dafür vorliegt und der Arbeitgeber keine Einwände erhebt[55]. Noch weiter reicht die Auffassung von Gnade/Kehrmann/Schneider[56]. Da-

---

[49] *Dietz / Richardi*, § 42 BetrVG Rdnr. 27; *Neumann-Duesberg*, S. 227; *Nikisch*, Bd. III, S. 217; *Vogt*, S. 57; *Mießner*, S. 116.

Ebenso für das Personalvertretungsrecht: *Dietz*, § 46 PersVG Rdnr. 18; *Rewolle / Lorentz*, § 46 PersVG Rdnr. 5.

[50] *Mießner*, S. 116.

[51] *Mießner*, S. 117.

[52] *Fabricius / GK*, § 42 BetrVG Rdnr. 23, 26.

[53] *Fitting / Auffarth / Kaiser*, § 42 BetrVG Rdnr. 9 a.

[54] *Galperin / Löwisch*, § 42 BetrVG Rdnr. 27.

[55] Ebenso für das Personalvertretungsrecht: *Fitting / Heyer / Lorenzen*, § 46 PersVG Rdnr. 9.

[56] *Gnade / Kehrmann / Schneider*, § 42 BetrVG Rdnr. 4; dagegen *Dietz / Richardi*, § 42 BetrVG Rdnr. 29.

nach ist allein maßgeblich, daß der Betriebsrat die Teilnahme von Gästen gestattet. Auf die Duldung durch den Arbeitgeber soll es hingegen nicht ankommen.

Dieser Ansicht hat sich neuerdings auch das Bundesarbeitsgericht[57] angeschlossen. Danach bedarf der Betriebsrat nicht des Einverständnisses des Arbeitgebers, wenn er auf einer Betriebsversammlung einen betriebsfremden Referenten ein Referat zu einem zur Zuständigkeit der Versammlung gehörendes Thema halten läßt[58].

Vom Standpunkt der überwiegenden Auffassung des Schrifttums bedeutet hingegen die Teilnahme betriebsfremder Personen gegen den Willen des Arbeitgebers einen Verstoß gegen das Gebot der Nichtöffentlichkeit der Versammlung, der zur Rechtswidrigkeit der Betriebsversammlung führt und zur Folge hat, daß der Arbeitgeber wieder von seinem Hausrecht Gebrauch machen kann[59]. Überwiegend wird allerdings betont, ein Eingreifen des Arbeitgebers komme nur dann in Betracht, wenn der Betriebsratsvorsitzende unbefugte Personen zur Teilnahme zulasse bzw. ihre Anwesenheit dulde[60].

Eine differenzierende Ansicht wird von Nikisch[61] vertreten. Nikisch betont, nur eine Versammlung, die von vornherein dazu bestimmt sei, Reden oder Vorträge außenstehender Personen anzuhören, sei keine Betriebsversammlung. Dulde hingegen der Betriebsratsvorsitzende lediglich die Anwesenheit nicht teilnahmeberechtigter Personen, so soll insoweit der Betriebsversammlungscharakter erhalten bleiben, der Arbeitgeber jedoch gleichwohl von seinem Hausrecht Gebrauch machen können, das ihm insoweit weiterhin uneingeschränkt zustehe. Ähnlich ist die Auffassung Neumann-Duesbergs[62]. Er vertritt die Meinung, die Teilnahme unbefugter Personen führe entgegen der herrschenden, ansonsten auch von ihm vertretenen Lehre nicht zum Verlust des Be-

---

[57] BAG DB 1977, S. 2452.

[58] In dem zu entscheidenden Fall lag allerdings eine unzulässige parteipolitische Betätigung vor, da das betreffende Referat gerade zu Wahlkampfzeiten von einem Spitzenpolitiker in seinem Wahlkreis im Rahmen seiner Wahlkampfstrategie gehalten wurde. Vgl. weiter LAG Düsseldorf, Beschluß vom 24. 10. 1972, 12 BV Ta 111/72, abgedruckt bei Schüssler, BetrVG-Entscheidungen, § 45 Nr. 1. Das Gericht hält es für zulässig, daß der Bundesminister für Wirtschaft und Finanzen an einer Betriebsversammlung teilnimmt und zu dem Thema spricht: „Die wirtschaftliche Situation in der Bundesrepublik Deutschland". Gegen die Teilnahme von Politikern an Betriebsversammlungen *Glaubitz*, BB 1972, S. 1277 (1278).

[59] *Dietz / Richardi*, § 42 BetrVG Rdnr. 28; *Fitting / Auffarth / Kaiser*, § 42 BetrVG Rdnr. 26; *Erdmann / Jürging / Kammann*, § 42 BetrVG Rdnr. 6; *Brecht*, § 42 BetrVG Rdnr. 5; *Vogt*, S. 61; *Mießner*, S. 116; *Stevens*, S. 84.

[60] *Dietz / Richardi*, § 42 BetrVG Rdnr. 28 gegen *Neumann-Duesberg*, S. 227; *Fitting / Auffarth / Kaiser*, § 42 BetrVG Rdnr. 26.

[61] *Nikisch*, Bd. III, S. 217, 223.

[62] *Neumann-Duesberg*, S. 227.

triebsversammlungscharakters. Vielmehr soll das Hausrecht des Arbeitgebers insoweit von vornherein unbeschränkt bestehen bleiben; der Arbeitgeber könne daher einen unbefugt anwesenden Teilnehmer ohne weiteres kraft seines Hausrechts aus dem Versammlungsraum weisen. Neumann-Duesberg will auf diese Weise vermeiden, daß allein wegen der Anwesenheit unbefugter Personen die Wiederholung der Versammlung mit der Begründung verlangt werden könne, sie sei infolge des Gesetzesverstoßes keine Betriebsversammlung im Sinne des Gesetzes gewesen[63].

Dieser Auffassung halten Dietz/Richardi[64] entgegen, die Wahrung des Gebots der Nichtöffentlichkeit sei vorrangig die Aufgabe des Betriebsratsvorsitzenden. Daher könne der Arbeitgeber erst dann aufgrund seines Hausrechts in die Versammlung eingreifen, wenn der Betriebsratsvorsitzende außenstehende Personen zur Teilnahme an der Versammlung zulasse, so daß die Versammlung ihren Betriebsversammlungscharakter verliere[65].

b) Überschreitung der Zuständigkeitsgrenzen

In § 45 S. 1 bestimmt das Betriebsverfassungsgesetz den Zuständigkeitsrahmen der Betriebsversammlung. Nach dieser Vorschrift kann die Betriebsversammlung „Angelegenheiten einschließlich solcher tarifpolitischer, sozialpolitischer und wirtschaftlicher Art behandeln, die den Betrieb oder seine Arbeitnehmer unmittelbar betreffen“.

Überschreitet die Betriebsversammlung ihre Kompetenzen, indem etwa allgemein-politische Fragen in der Betriebsversammlung erörtert werden, so führt dies nach herrschender Meinung zur Rechtswidrigkeit der Betriebsversammlung und damit zum Verlust des Betriebsversammlungscharakters. Infolgedessen steht das Hausrecht am Versammlungsraum wieder uneingeschränkt dem Arbeitgeber zu, so daß dieser selbständig gegen die Kompetenzüberschreitung vorgehen kann[66].

Zu demselben Egebnis kommt auch Nikisch[67]. Nach seiner Auffassung soll allerdings der Versammlung der Betriebsversammlungscharakter nur dann fehlen, wenn der Betriebsratsvorsitzende unzulässige Themen

---

[63] *Neumann-Duesberg,* S. 227.

[64] *Dietz / Richardi,* § 42 BetrVG Rdnr. 26.

[65] *Dietz / Richardi,* § 42 BetrVG Rdnr. 26.

[66] *Dietz / Richardi,* § 42 BetrVG Rdnr. 26, § 45 BetrVG Rdnr. 11; *Fitting / Auffarth / Kaiser,* § 45 BetrVG Rdnr. 16, § 42 BetrVG Rdnr. 18; *Erdmann / Jürging / Kammann,* § 45 BetrVG 12, *Galperin / Löwisch,* § 42 BetrVG Rdnr. 23; *Stege / Weinspach,* S. 219; *Vogt,* S. 78; *Jaenecke,* DB 1957, S. 380 (381); *Röhsler,* AR-Blattei, D I 4; *Groß,* RdA 1953, S. 91 (93); *Reckenfelderbäumer,* SAE 1952, S. 127 (128).

[67] *Nikisch,* Bd. III, S. 226.

ohne Wissen des Arbeitgebers auf die Tagesordnung gesetzt hat. Werden hingegen in einer an sich ordnungsgemäßen Betriebsversammlung ohne vorherige Ankündigung politische Angelegenheiten zur Sprache gebracht, so soll dadurch der Betriebsversammlungscharakter nicht berührt werden. Schreitet jedoch der Betriebsratsvorsitzende als Versammlungsleiter gegen die unzulässigen Ausführungen nicht ein, so soll der Arbeitgeber dem Redner eigenmächtig das Wort entziehen und ihn kraft seines Hausrechts aus dem Versammlungsraum weisen können. Umstritten ist jedoch die Frage, welche Voraussetzungen im einzelnen gegeben sein müssen, damit der Arbeitgeber aufgrund seines Hausrechts gegen die Kompetenzüberschreitung der Betriebsversammlung vorgehen kann.

So betont etwa Neumann-Duesberg[68], kleine, nur gelegentliche Abschweifungen seien in jedem Fall unschädlich.

Läßt hingegen der Betriebsratsvorsitzende die Aufgabenüberschreitung unter Verletzung seiner Leitungspflicht zu, so soll das Hausrecht wieder dem Arbeitgeber zustehen, so daß dieser den betroffenen Redner aus dem Versammlungsraum hinausweisen kann[69].

Nach Vogt[70] soll dies jedoch nur bei schweren oder wiederholten Verstößen gegen das Betriebsverfassungsgesetz gelten. Auch nach Fitting/Auffarth/Kaiser[71] soll die Betriebsversammlung erst dann rechtswidrig werden, wenn die Erörterung unzulässiger Themen einen breiten Raum einnimmt, insbesondere, wenn der Betriebsratsvorsitzende sie zur Diskussion stellt oder durch ihre Behandlung Unruhe entsteht[72]. Das LAG Düsseldorf[73] hat schließlich in einer Entscheidung den Standpunkt vertreten, die Behandlung unzulässiger Fragen innerhalb des Zeitraums einer Viertelstunde nehme der Versammlung nicht den Charakter als Betriebsversammlung.

Demgegenüber vertritt Mießner die Ansicht[74], zur Vermeidung jeder Betriebsstörung müsse ein strenger Maßstab an die Zuständigkeitsgrenzen der Betriebsversammlung gelegt werden. Ein bewußtes und gewolltes Abweichen von den gesetzlichen Bestimmungen könne keinesfalls hingenommen werden. Aus diesem Grunde müsse die Auffassung, die Behandlung eines unzulässigen Themas in einem ganzen Vortrag sei noch unschädlich[75], abgelehnt werden. Feste Regeln, wann eine Be-

---

[68] *Neumann-Duesberg*, S. 223 FN 51.

[69] *Neumann-Duesberg*, S. 223.

[70] *Vogt*, S. 79.

[71] *Fitting / Auffarth / Kaiser*, § 45 BetrVG Rdnr. 17.

[72] Dagegen aber *Galperin / Löwisch*, § 45 BetrVG Rdnr. 16.

[73] LAG Düsseldorf AP Nr. 7 zu § 43 BetrVG (1952).

[74] *Mießner*, S. 102, 103.

triebsversammlung ihren Charakter wegen sachlicher Unzuständigkeit verliere, lassen sich nach Mießners Ansicht jedoch nicht aufstellen. Aus diesem Grund sei letztlich immer der Einzelfall entscheidend[76].

c) Störungen der Betriebsversammlung

Nach Fabricius[77] soll das Hausrecht des Betriebsratsvorsitzenden nur im Rahmen einer „ordnungsgemäßen" Betriebsversammlung bestehen. Ordnungsgemäß in diesem Sinne sei die Versammlung solange, wie der Versammlungsleiter Störungen allein beseitigen wolle und könne, d. h. solange er nicht die Kontrolle über die Versammlung verloren habe. Insbesondere soll der Arbeitgeber auf sein Hausrecht zurückgreifen können, wenn der Betriebsratsvorsitzende gegen schwerwiegende und nachhaltige Verstöße gegen bestimmte betriebsverfassungsrechtliche Verhaltenspflichten (z. B. das Verbot, bewußt oder ungeprüft Unwahrheiten über den Arbeitgeber zu behaupten) nicht vorgehen könne oder wolle[78].

d) Verstoß gegen das Gebot vertrauensvoller Zusammenarbeit

Auch soweit danach die Zuständigkeitsschranken der Betriebsversammlung beachtet werden, soll sich auch aus der Art und Weise, wie ein an sich zulässiges Thema in der Betriebsversammlung behandelt wird, die Rechtswidrigkeit der Betriebsversammlung ergeben können. Mießner[79] führt hierzu aus, die Verpflichtung zur Zusammenarbeit von Betriebsrat und Arbeitgeber sei nicht bloß ein unverbindlicher Programmsatz, sondern geltendes Recht, gegen das bei der Durchführung der Betriebsversammlung nicht verstoßen werden dürfe. Andernfalls müsse die Betriebsversammlung als rechtswidrig angesehen werden.

Desgleichen soll nach Wiesmüller[80] die Versammlung ihren Charakter als Betriebsversammlung verlieren, wenn durch die Behandlung bestimmter Themen der Betriebsfrieden gefährdet oder gestört werde. Greife in einem solchen Falle der Versammlungsleiter nicht ein, so könne der Arbeitgeber gegen die Betriebsfriedensstörer aufgrund des ihm wieder zugefallenen Hausrechts vorgehen[81].

---

[75] So *Galperin / Siebert* (4. Aufl.), § 44 BetrVG (1952) Rdnr. 2; anders jetzt *Galperin / Löwisch*, § 45 BetrVG Rdnr. 16.

[76] *Mießner*, S. 104.

[77] *Fabricius / GK*, § 42 BetrVG Rdnr. 53.

[78] *Fabricius / GK*, § 46 BetrVG Rdnr. 20.

[79] *Mießner*, S. 104.

[80] *Wiesmüller*, S. 96.

[81] *Wiesmüller*, S. 96.

e) Sonstige Rechtsverstöße bei Anberaumung und Durchführung der Betriebsversammlung

Über die bislang genannten Fallgruppen hinaus soll nach der Auffassung von Mießner[82] die Betriebsversammlung auch dann rechtswidrig werden, wenn der Betriebsratsvorsitzende als Versammlungsleiter gegen Vorschriften des Betriebsverfassungsgesetzes verstößt, die
die Anberaumung und Durchführung der Betriebsversammlung be-
dem Arbeitgeber zustehen, so daß dieser selbständig in die zur Beleg-
treffen. Das Hausrecht am Versammlungsraum soll dann wieder allein
schaftsversammlung „abgesunkene" Versammlung eingreifen kann[83].

Dies soll beispielsweise dann der Fall sein, wenn der Betriebsratsvorsitzende die Betriebsversammlung zu einem derart ungünstigen Zeitpunkt einberuft, daß eine „unwirtschaftliche Betriebsstillegung" die Folge ist oder daß ein „ungewöhnlich hoher Produktionsausfall" entsteht[84]. Die gleiche Rechtsfolge soll eintreten, wenn der Betriebsratsvorsitzende anstelle der als Regelfall vorgeschriebenen Vollversammlung eine Teilversammlung einberuft[85], die Bekanntgabe der Tagesordnung unterläßt[86] oder unbegründet von der geplanten Tagesordnung abweicht[87].

Des weiteren hat der Betriebsratsvorsitzende bei der Versammlungsleitung die allgemein gültigen parlamentarischen Grundsätze und Gepflogenheiten zu beachten[88]. Bevorzugt der Versammlungsleiter eine bestimmte Rednergruppe, so daß die Vertreter der Gegenpartei dadurch benachteiligt werden, so soll hierdurch ebenfalls die Versammlung ihren Charakter als Betriebsversammlung verlieren[89].

Allerdings soll dem Betriebsratsvorsitzenden auch nach Mießners Auffassung ein gewisser Ermessensspielraum in der Versammlungsleitung zustehen[90]. Da jedoch seiner Ansicht nach alle Normen des Betriebsverfassungsgesetzes zwingendes Recht darstellen, soll eine Vermutung dahingehend bestehen, daß jede Verletzung einer Vorschrift des Betriebsverfassungsgesetzes den Verlust des Betriebsversammlungscharakters zur Folge hat[91].

---

[82] *Mießner*, S. 112 ff.

[83] *Mießner*, S. 124.

[84] *Mießner*, S. 112.

[85] *Mießner*, S. 113.

[86] *Mießner*, S. 115.

[87] *Mießner*, S. 115.

[88] *Mießner*, S. 119.

[89] *Mießner*, S. 119.

[90] *Mießner*, S. 120.

[91] *Mießner*, S. 120.

Der Arbeitgeber ist daher nach dieser Auffassung nur solange in der Ausübung seines Hausrechts beschränkt, wie die Versammlungsteilnehmer und der Betriebsratsvorsitzende als Versammlungsleiter sämtliche Vorschriften des Betriebsverfassungsgesetzes beachten[92].

3. Die Wiederherstellung des Betriebsversammlungscharakters

Eine Besonderheit soll allerdings für den Fall gelten, daß eine rechtswidrig gewordene Versammlung nach einer nur vorübergehenden Störung ihren Charakter als Betriebsversammlung wiedergewinnt.

Sind etwa unbefugt anwesende Personen aus dem Versammlungsraum entfernt worden oder kehrt die Versammlung zur Erörterung zulässiger Themen zurück, so soll nach Auffassung mancher Autoren die Versammlung als Betriebsversammlung fortgesetzt werden können[93]. Das zunächst an den Arbeitgeber zurückgefallene Hausrecht am Versammlungsraum steht danach wieder dem Betriebsratsvorsitzenden zu, weil die Versammlung den Charakter als Betriebsversammlung wiedergewonnen hat.

Eine Weiterführung der Betriebsversammlung soll nach Mießner allerdings dann ausscheiden, wenn der Verstoß gegen das Betriebsverfassungsgesetz, der die Rechtswidrigkeit der Betriebsversammlung zur Folge hatte, so schwerwiegend war, daß die Funktionsfähigkeit der Betriebsversammlung auch weiterhin in Frage gestellt ist[94].

III. Das Hausrecht bei Betriebsversammlungen außerhalb des Betriebs

Kann die Betriebsversammlung nicht im Betrieb stattfinden, weil z. B. kein geeigneter Raum hierfür vorhanden ist, so muß sie in außerbetrieblichen Räumen stattfinden. Zu diesem Zweck hat entweder der Betriebsratsvorsitzende oder aber der Arbeitgeber selbst einen geeigneten Raum anzumieten[95].

Umstritten ist im Schrifttum für diesen Fall die Frage, ob das Hausrecht an dem gemieteten Versammlungsraum vom Vermieter allein auf den Betriebsratsvorsitzenden als Versammlungsleiter übergeht oder ob jedenfalls ein Teil des Hausrechts auch dem Arbeitgeber zusteht. Neumann-Duesberg[96] vertritt hierzu die Ansicht, das „hauptsächliche

---

[92] *Mießner*, S. 124; kritisch hierzu *Fabricius / GK*, § 42 BetrVG Rdnr. 5.

[93] *Neumann-Duesberg*, S. 224; *Mießner*, S. 125, 126; *Wiesmüller*, S. 95.

[94] *Mießner*, S. 126.

[95] *Neumann-Duesberg*, BB 1965, S. 1399 (1400); *Mießner*, S. 68.

[96] *Neumann-Duesberg*, BB 1965, S. 1399 (1400).

Hausrecht" stehe wie im Normalfall dem Betriebsratsvorsitzenden zu; ein „minimaler Teil" des Hausrechts müsse jedoch dem Arbeitgeber als Saalmieter zuerkannt werden, damit dieser gegen rechtswidrig Teilnehmende, gegen Verletzer seines Persönlichkeitsrechts und gegen Demolierer seiner für die Betriebsversammlung zur Verfügung gestellten Sachen vorgehen könne. Für die Aufrechterhaltung der Ordnung, z. B. im Katastrophenfall soll schließlich dem Vermieter insoweit das Hausrecht verbleiben[97].

Dem hält Mießner[98] entgegen, selbst wenn der Arbeitgeber den Mietvertrag über den Versammlungsraum abschließe, so gehe das Hausrecht des Vermieters „nur für eine logische Sekunde" auf ihn über. Das Außenverhältnis von Vermieter und Mieter werde somit im Innenverhältnis zwischen Arbeitgeber und Betriebsrat durch die Bestimmungen des Betriebsverfassungsgesetzes korrigiert. Aus diesem Grund scheide auch eine nur partielle Beteiligung des Arbeitgebers am Hausrecht an dem gemieteten Versammlungsraum aus[99].

§ 2 Das Hausrecht an den Zugangswegen zum Betriebsversammlungsraum und das Teilnahmerecht der Versammlungsteilnehmer

Umstritten ist im Schrifttum auch die Frage, ob der Arbeitgeber einer zur Teilnahme an der Betriebsversammlung befugten Person, insbesondere einem nach § 46 BetrVG teilnahmeberechtigten Gewerkschaftsvertreter, das Betreten des Betriebs unter Berufung auf sein Hausrecht versagen kann.

I. Ausdehnung des Hausrechts des Betriebsratsvorsitzenden auf die Zugangswege zum Versammlungsraum

1. Das Hausrecht bei rechtmäßigen Betriebsversammlungen

Ein Teil des Schrifttums vertritt die Ansicht, das Hausrecht des Betriebsratsvorsitzenden am Versammlungsraum erstrecke sich auch auf die betrieblichen Zugangswege[1]. Daher könne der Arbeitgeber die zur Teilnahme an einer Betriebsversammlung berechtigten Personen nicht

[97] *Neumann-Duesberg*, BB 1965, S. 1399 (1400).

[98] *Mießner*, S. 69; im Ergebnis ebenso *Fabricius / GK*, § 42 BetrVG Rdnr. 57.

[99] *Mießner*, S. 69.

[1] *Fabricius / GK*, § 42 BetrVG Rdnr. 58; *Vogt*, S. 39; *Galperin / Löwisch*, § 46 BetrVG Rdnr. 8; für die Geschäftsräume des Betriebsrats wohl auch *Röhsler*, AuR 1959, S. 353 (357); für Betriebsratssitzungen *Klingelhöfer*, Mitbestimmung 1959, S. 145 (147); *Jaenecke*, DB 1957, S. 380 (381).

aufgrund seines Hausrechts daran hindern, die zum Versammlungsraum führenden Zugangswege zu benutzen.

Zur Begründung dieser These wird im Schrifttum angeführt, es sei widersinnig, für die Benutzung der Zugangswege eine „Extra-Zustimmung" des Arbeitgebers zu fordern[2]. Andernfalls sei das Hausrecht an dem vom Arbeitgeber zur Verfügung gestellten Raum praktisch weitgehend illusorisch. Allerdings müsse gefordert werden, daß der Besucher den vorgeschriebenen, d. h. in der Regel den kürzesten Weg benutze. Schon aus Gründen der Betriebssicherheit müsse darüber hinaus der Arbeitgeber für befugt erachtet werden, diesbezügliche Anordnungen zu erlassen.

Zu demselben Ergebnis kommt Fabricius[3], der ebenfalls die Meinung vertritt, das Hausrecht des Betriebsratsvorsitzenden schließe den Zugang zum Betriebsversammlungsraum ein. Seiner Ansicht nach soll dem Arbeitgeber die Substanz seines Hausrechts uneingeschränkt verbleiben, so daß er die notwendigen Anordnungen zur Gefahrenabwehr treffen könne.

Auch die Entscheidung des Bundesarbeitsgerichts vom 18. März 1964[4] wird im Schrifttum im Sinne einer Ausdehnung des Hausrechts des Betriebsratsvorsitzenden auf die Zugangswege zum Versammlungsraum verstanden[5]. Das Gericht betont in der genannten Entscheidung, das Teilnahmerecht der Gewerkschaft setze voraus, daß deren Beauftragte die Zugangswege und Räumlichkeiten betreten können, in denen die Betriebsversammlung stattfinde. Für die Dauer der Betriebsversammlung ruhe daher das Hausrecht des Arbeitgebers. Statt dessen sei bei Betriebsversammlungen der Betriebsratsvorsitzende, wenn auch zeitlich und räumlich begrenzt, Inhaber des Hausrechts. Nicht anderes könne für die Zugangswege zum Ort der Betriebsversammlung gelten. Auch insoweit könne der Arbeitgeber in den durch Zeit und Ort der Betriebsversammlung gebotenen Grenzen sein Hausrecht nicht ausüben, wobei offen bleiben könne, ob das Teilnahmerecht gegenüber dem Hausrecht des Arbeitgebers das stärkere Recht darstelle oder ob sich der Arbeitgeber den Einwand des Rechtsmißbrauchs entgegenhalten lassen müsse, wenn er einen teilnahmeberechtigten Gewerkschaftsvertreter an der Teilnahme hindere. Einschränkungen des Teil-

---

[2] *Röhsler*, AuR 1959, S. 353 (357), allerdings die Geschäftsräume des Betriebsrats betreffend.

[3] *Fabricius / GK*, § 42 BetrVG Rdnr. 58, 59.

[4] BAG 15, S. 307 ff. = AP Nr. 1 zu § 45 BetrVG (1952).

[5] So insbesondere *Vogt*, S. 49, der sich für seine Auffassung auf das Bundesarbeitsgericht beruft, und die ablehnende Stellungnahme von *Säcker*, BB 1966, S. 700 (703); *Dietz / Richardi*, § 46 BetrVG Rdnr. 10; *Neumann-Duesberg*, BB 1965, S. 1399; *Mießner*, S. 61.

nahmerechts könnten sich daher nicht aus dem Hausrecht des Arbeitgebers, sondern allenfalls aus dem Sinn und Zweck der Teilnahmebefugnis ergeben. Selbst wenn also im Einzelfall die Grenzen der Teilnahmebefugnis überschritten würden, könne der Arbeitgeber dem Gewerkschaftsbeauftragten den Zutritt zur Betriebsversammlung nicht aufgrund des Hausrechts versagen, sondern ihm allein den Einwand des Rechtsmißbrauchs entgegenhalten[6].

2. Das Hausrecht bei rechtswidrigen Betriebsversammlungen

Dieses Hausrecht an den Zugangswegen soll jedoch — ebenso wie das Hausrecht am Versammlungsraum selbst — dem Betriebsratsvorsitzenden nur für den Fall und nur so lange zustehen, wie die Versammlung eine Betriebsversammlung im Sinne des Gesetzes darstellt.

Verliert hingegen die Versammlung infolge von Verstößen gegen das Betriebsverfassungsgesetz ihren Charakter als Betriebsversammlung, so soll das Hausrecht des Betriebsratsvorsitzenden entfallen und wieder allein dem Arbeitgeber zustehen[7].

II. Das Teilnahmerecht der Versammlungsteilnehmer als eigenmächtig durchsetzbares Recht

Der überwiegende Teil des Schrifttums lehnt eine Ausdehnung der Hausrechtsbefugnisse des Betriebsratsvorsitzenden auf die Zugangswege zum Versammlungsraum ab[8]. Vielmehr soll sich das Hausrecht des Betriebsratsvorsitzenden auf den vom Arbeitgeber zur Verfügung gestellten Raum beschränken, in dem die Betriebsversammlung stattfindet. Die Zugangswege zum Versammlungsraum unterstehen danach weiterhin dem Hausrecht des Arbeitgebers.

Daher stellt sich für die herrschende Meinung die Frage, ob und gegebenenfalls unter welchen Voraussetzungen der Arbeitgeber gegen-

---

[6] BAG 15, S. 307 (314, 316).

[7] *Vogt*, S. 79; *Galperin / Löwisch*, § 46 BetrVG Rdnr. 11; ebenso, wenn auch unter engeren Voraussetzungen *Fabricius / GK*, § 46 BetrVG Rdnr. 16.

Das Bundesarbeitsgericht beschränkt sich in der Entscheidung BAG 15, S. 307 ausdrücklich auf den Fall der rechtmäßigen Betriebsversammlung.

[8] So ausdrücklich *Dietz / Richardi*, § 46 BetrVG Rdnr. 10; *Neumann-Duesberg*, S. 221; *Säcker*, BB 1966, S. 700 (703); *Stevens*, S. 103 FN 3; *Dietz*, Anm. zu BAG AP Nr. 1 zu § 45 BetrVG (1952); wohl auch *Fitting / Auffarth / Kaiser*, § 46 BetrVG Rdnr. 7; *Erdmann / Jürging / Kammann*, § 46 BetrVG Rdnr. 5; *Mager / Wisskirchen*, § 45 BetrVG (1952) Rdnr. 3; *Hueck / Nipperdey*, Bd. II/2, S. 1213 FN 4; *Nikisch*, Bd. III, S. 213; *Groß*, RdA 1953, S. 91 (93); *Kraft*, AuR 1961, S. 230 (232). Insoweit übereinstimmend auch *Neumann-Duesberg*, BB 1965, S. 1399 und *Mießner*, S. 60 ff., die jedoch im übrigen einen von der h. M. abweichenden Standpunkt vertreten (vgl. unten III).

über dem Teilnahmerecht von seinem Hausrecht Gebrauch machen kann.

1. Das Teilnahmerecht als Recht auf Zugang zum Versammlungsraum

Diese Frage war bereits in Rechtsprechung und Schrifttum zum Betriebsrätegesetz umstritten.

Das AG Elsterwerda stellt sich in einer Entscheidung aus dem Jahr 1922[9] auf den Standpunkt, das Hausrecht des Arbeitgebers werde durch die Vorschrift des § 47 BRG, nach der je ein Beauftragter der im Betrieb vertretenen wirtschaftlichen Vereinigungen der Arbeitnehmer an der Betriebsversammlung teilnehmen könne, nicht beschränkt. Um die Teilnahme der Gewerkschaftsbeauftragten sicherzustellen, bleibe es dem Betriebsrat unbenommen, die Betriebsversammlung außerhalb des Betriebs abzuhalten. Die entgegengesetzte Ansicht wurde vom Gewerbegericht Dresden[10] vertreten. Danach sollte der Arbeitgeber einem Beauftragten der Gewerkschaft den Zutritt zu den Räumen, in denen Betriebsratssitzungen und Betriebsversammlungen stattfinden, nicht verweigern können; andernfalls könne der Arbeitgeber die Vorschriften des Betriebsrätegesetzes über die Teilnahme der Gewerkschaftsbeauftragten wirkungslos machen. Einen vermittelnden Standpunkt nahm das Reichsgericht[11] ein. Es betont, der Arbeitgeber vermöge die auf öffentlichem Recht beruhende Befugnis eines Gewerkschaftsbeauftragten zur Teilnahme an einer Betriebsversammlung nur dann aufgrund seines Hausrechts auszuschließen, sofern bestimmte Tatsachen befürchten ließen, daß der Beauftragte einen störenden Einfluß auf den Frieden der Belegschaft ausüben oder die Rechtsordnung irgendwie verletzen werde.

Auch in der Literatur zum Betriebsrätegesetz bestand in der genannten Frage keine Einigkeit: Mansfeld[12] betonte, das Hausrecht an den Zugangswegen verbleibe zwar dem Arbeitgeber; gleichwohl seien jedoch die Gewerkschaftsbeauftragten berechtigt, den Betrieb auch gegen den Widerspruch des Arbeitgebers zur Teilnahme an Betriebsratssitzungen zu betreten[13]. Für Betriebsversammlungen nach §§ 45 ff. BRG vertrat Mansfeld jedoch die Einschränkung, dem Arbeitgeber könne nicht zugemutet werden, auf seinem Grundstück Personen zu dulden, von denen er aufgrund ihm bekannter Tatsachen einen störenden Ein-

---

[9] AG Elsterwerda, NZfA 1923, Sp. 195.

[10] GewG Dresden, NZfA 1926, Sp. 630.

[11] RG ARS 12, S. 606 mit kritischer Anmerkung von *Flatow*.

[12] *Mansfeld*, § 47 BRG, § 31 BRG Anm. 2 a.

[13] *Mansfeld*, § 31 BRG Anm. 2 a; ebenso *Wölbling / Schultz / Sell*, § 47 BRG Anm. 1.

fluß auf die Betriebsversammlung befürchten müsse. Erscheine ein derartiger Gewerschaftsbeauftragter trotz des Widerspruchs des Arbeitgebers im Betrieb, so begehe er damit einen strafbaren Hausfriedensbruch[14]. Demgegenüber sollte nach der Ansicht von Flatow / Kahn-Freund[15] und Feig / Sitzler[16] ein Widerspruch des Arbeitgebers gegen die Teilnahme an der Betriebsversammlung in jedem Fall unbeachtlich sein. Der betreffende Gewerkschaftsvertreter könne sich notfalls „unter Überwindung des Widerstandes eines Pförtners"[17] Zugang zum Betriebsversammlungsraum verschaffen. Die vom Reichsgericht vertretene Einschränkung, der Arbeitgeber könne unter bestimmten Umständen einem Gewerkschaftsvertreter die Teilnahme an einer Betriebsversammlung versagen, lehnte Flatow[18] ausdrücklich ab, weil dafür die rechtliche Grundlage fehle und darüber hinaus die Voraussetzungen der Einschränkung zu ungenau gefaßt seien.

Die heute herrschende Meinung zur Betriebsversammlung nach dem Betriebsverfassungsgesetz ist sich darin einig, daß das Teilnahmerecht der Versammlungsteilnehmer die Befugnis einschließt, die Zugangswege zum Betriebsversammlungsraum zu benutzen. Das Hausrecht des Arbeitgebers an den Zugangswegen wird somit nach herrschender Meinung durch das Teilnahmerecht eingeschränkt[19].

Insbesondere für das in § 46 BetrVG geregelte Recht der Gewerkschaftsvertreter, an einer Betriebsversammlung teilzunehmen, wird im Schrifttum die Auffassung vertreten, das Teilnahmerecht könne auch gegen den Willen des Arbeitgebers ausgeübt werden[20]. Auch ein ausdrücklicher Widerspruch des Arbeitgebers sei daher unbeachtlich; selbst wenn sich in einem solchen Fall der zutrittswillige Gewerk-

[14] *Mansfeld*, § 47 BRG.

[15] *Flatow / Kahn-Freund*, § 45 BRG Anm. 7, § 47 BRG Anm. 3.

[16] *Feig / Sitzler*, § 47 BRG Anm. 1.

[17] *Flatow / Kahn-Freund*, § 45 BRG Anm. 7.

[18] *Flatow*, Anm. zu RG ARS 12, S. 606 (608).

[19] *Dietz / Richardi*, § 46 BetrVG Rdnr. 10; *Fitting / Auffarth / Kaiser*, § 46 BetrVG Rdnr. 7; *Erdmann / Jürging / Kammann*, § 46 BetrVG Rdnr. 5; *Mager / Wisskirchen*, § 45 BetrVG (1952) Rdnr. 3; *Stege / Weinspach*, S. 222; *Hueck / Nipperdey*, Bd. II/2, S. 1213 FN 4; *Nikisch*, Bd. III, S. 213; *Stevens*, S. 36; *Kraft*, AuR 1961, S. 230 (232); *Groß*, RdA 1953, S. 91 (92); *Joachim*, BetrVerf 1954, Heft 9, S. 8 (11);*Jaenecke*, DB 1957, S. 380 (381); *Säcker*, BB 1966, S. 700 (703). Nach *Mießner*, S. 73 bewirkt das Teilnahmerecht lediglich eine „mittelbare Einschränkung" des Hausrechts. Ähnlich *Neumann-Duesberg*, BB 1965, S. 1399 (1400), der aaO. FN 11 seine bislang vertretene Auffassung (Betriebsverfassungsrecht, S. 221) aufgibt.

[20] *Dietz / Richardi*, § 46 BetrVG Rdnr. 10; *Fitting / Auffarth / Kaiser*, § 46 BetrVG Rdnr. 7; *Erdmann / Jürging / Kammann*, § 46 BetrVG Rdnr. 5; *Mager / Wisskirchen*, § 45 BetrVG (1952) Rdnr. 3; *Stege / Weinspach*, S. 222; *Hueck / Nipperdey*, Bd. II/2, S. 1213 FN 4; *Nikisch*, Bd. III, S. 213; *Stevens*, S. 36; *Kraft*, AuR 1961, S. 230 (232); *Groß*, RdA 1953, S. 91 (92); *Joachim*, BetrVerf 1954, Heft 9, S. 8 (11); *Jaenecke*, DB 1957, S. 380 (381); *Säcker*, BB 1966, S. 700 (703).

schaftsvertreter über das Verbot des Arbeitgebers hinwegsetze, liege kein strafbarer Hausfriedensbruch nach § 123 StGB vor[21].

2. *Schranken des Teilnahme- und Zugangsrechts*

Die Einschränkung des Hausrechts des Arbeitgebers durch das Teilnahmerecht der Versammlungsteilnehmer soll nach herrschender Meinung jedoch nur für den Fall gelten, daß die betreffende teilnahmewillige Person im konkreten Einzelfall tatsächlich zur Teilnahme an der Betriebsversammlung berechtigt ist. Liegen hingegen diese Voraussetzungen ausnahmsweise nicht vor, so soll nach herrschender Meinung der Arbeitgeber aufgrund seines Hausrechts den Zugang zum Betrieb verweigern können[22]. Verschafft sich in einem solchen Fall der zurückgewiesene Teilnehmer trotz des berechtigten Widerspruchs des Arbeitgebers den Zutritt zum Betrieb, so soll darin ein strafbarer Hausfriedensbruch liegen[23].

Als Gründe, die zu einem Verlust des Teilnahmerechts führen, kommen nach herrschender Meinung zum einen Umstände in Betracht, die in der Person des betreffenden Versammlungsteilnehmers liegen. Daneben soll jedoch das Teilnahmerecht auch dann entfallen, wenn der Versammlung aus sonstigen Gründen der Charakter als Betriebsversammlung fehlt.

a) Gründe in der Person des Versammlungsteilnehmers

In Rechtsprechung und Schrifttum besteht Einigkeit darüber, daß ein Gewerkschaftsbeauftragter sein Recht zur Teilnahme an der Betriebsversammlung nicht zu rechtswidrigen Zwecken mißbrauchen darf[24].

---

[21] So ausdrücklich *Kraft*, AuR 1961, S. 230 (232); *Groß*, RdA 1953, S. 91 (92); *Jaenecke*, DB 1957, S. 380 FN 4; ebenso *Galperin / Siebert*, § 45 BetrVG (1952) Rdnr. 1; (noch weitergehend jetzt *Galperin / Löwisch*, § 46 BetrVG Rdnr. 8: Ausdehnung des Hausrechts des BR-Vorsitzenden auf die Zugangswege).

A. A. (Hausfriedensbruch) *Mießner*, S. 76 und und *Neumann-Duesberg*, BB 1965, S. 1399 (1400); im Ergebnis ebenso *Schlüter / Dudenbostel*, DB 1974, S. 2350 (2354).

[22] *Dietz / Richardi*, § 46 BetrVG Rdnr. 12, 13; *Fitting / Auffarth / Kaiser*, § 46 BetrVG Rdnr. 7; *Erdmann / Jürging / Kammann*, § 46 BetrVG Rdnr. 5; *Stege / Weinspach*, S. 222; *Mager / Wisskirchen*, § 45 BetrVG (1952) Rdnr. 3; *Nikisch*, Bd. III, S. 213; *Hueck / Nipperdey*, Bd. II/2, S. 1213 FN 4, *Kraft*, AuR 1961, S. 230 (232); *Stevens*, S. 33; ArbG Münster, BB 1959, S. 956.

[23] RG ARS 12, S. 606 mit Anm. *Flatow;* für die Betriebsratswahl ebenso RGSt 61, S. 33 mit Anm. *Flatow* in: Dersch / Flatow / Hueck / Nipperdey, Bd. II, S. 157; *Nikisch*, Bd. III, S. 213; *Neumann-Duesberg*, S. 221, 222; *Meissinger*, § 45 BetrVG (1952) Anm. 5, § 39 Anm. 13; *Stevens*, S. 36; *Kraft*, AuR 1961, S. 230 (232).

[24] BAG 15, S. 307 ff. = AP Nr. 1 zu § 45 BetrVG (1952); BAG 19, S. 236 ff. = AP Nr. 2 zu § 45 BetrVG (1952); *Fabricius / GK*, § 46 BetrVG Rdnr. 9, 10; *Dietz / Richardi*, § 46 BetrVG Rdnr. 1, 13; *Fitting / Auffarth / Kaiser*, § 46 BetrVG Rdnr. 7; *Galperin / Löwisch*, § 46 BetrVG Rdnr. 11; *Erdmann / Jür-*

Andernfalls soll er sein Teilnahmerecht verlieren, so daß ihm der Arbeitgeber bereits das Betreten des Betriebs verbieten kann[25].

Umstritten ist jedoch die Frage, unter welchen Umständen diese Voraussetzungen im Einzelfall zu bejahen sind.

Dietz / Richardi[26] betonen, die Gewerkschaft dürfe ihr Teilnahmerecht nur innerhalb der betriebsverfassungsrechtlichen Grenzen ausüben. Hierfür sei vor allem das Gebot der vertrauensvollen Zusammenarbeit von Bedeutung, das auch für die Gewerkschaftsbeauftragten gelte, wenn sie an einer Betriebsversammlung teilnähmen. Die Äußerung von Kritik in der Betriebsversammlung werde jedoch dadurch nicht ausgeschlossen, wenn sie sich in zulässigen Grenzen halte. Ebensowenig stelle bereits die Vorbereitung und Führung eines gewerkschaftlichen Streiks einen Grund für ein Einspruchsrecht des Arbeitgebers dar. Soweit allerdings die Grenzen des zulässigen Kampfes erheblich überschritten würden, könne die Entsendung gerade desjenigen, der diesen Vorfall verschuldet habe, rechtsmißbräuchlich sein. Dabei sei jedoch letztlich entscheidend, ob in der Entsendung des betreffenden Gewerkschaftsbeauftragten jetzt noch ein Rechtsmißbrauch liege oder ob über den Vorfall bereits „Gras gewachsen" sei.

Nach Fitting / Auffahrt / Kaiser[27] soll der Arbeitgeber einem bestimmten Beauftragten nur unter besonderen Umständen die Teilnahme verweigern können. Entgegen der Auffassung des Reichsgerichts[28] könne es nicht genügen, daß bestimmte Tatsachen einen Mißbrauch des Teilnahmerechts befürchten ließen. Der Verlust des Teilnahmerechts komme vielmehr nur dann in Betracht, wenn mit Sicherheit zu erwarten sei, daß der Gewerkschaftsbeauftragte schwere rechtswidrige Verstöße gegen den Arbeitgeber begehen werde. Noch so scharfe sachliche Differenzen könnten demgegenüber die Zurückweisung eines teilnahmewilligen Gewerkschaftsvertreters nicht rechtfertigen. Allgemein verliere die Gewerkschaft ihr Recht auf Entsendung eines bestimmten Beauftragten zur Teilnahme an einer Betriebsversammlung stets, aber auch

ging / Kammann, § 46 BetrVG Rdnr. 5, § 2 BetrVG Rdnr. 10; *Mager / Wisskirchen*, § 45 BetrVG (1952) Rdnr. 4; *Stege / Weinspach*, S. 222; *Hueck / Nipperdey*, Bd. II/2, S. 1213 FN 4; *Nikisch*, Bd. III, S. 213; *Neumann-Duesberg*, S. 221; *ders.*, BB 1965, S. 1399 (1401); *Vogt*, S. 78; *Mießner*, S. 104 ff.; *Stevens*, S. 33 ff.; *Säcker*, BB 1966, S. 700 (703); *Kraft*, AuR 1961, S. 230 (232).

[25] *Dietz / Richardi*, § 46 BetrVG Rdnr. 12, 13; *Fitting / Auffarth / Kaiser*, § 46 BetrVG Rdnr. 7; *Erdmann / Jürging / Kammann*, § 46 BetrVG Rdnr. 5, § 2 BetrVG Rdnr. 10; *Mager / Wisskirchen*, § 45 BetrVG (1952) Rdnr. 4; *Stege / Weinspach*, S. 222; *Hueck / Nipperdey*, Bd. II/2, S. 1214 FN 4; *Nikisch*, Bd. III, S. 213; *Neumann-Duesberg*, S. 221; *Kraft*, AuR 1961, S. 230 (232); *Säcker*, BB 1966, S. 700 (703); *Rüthers*, ZfA 1974, S. 207 (232).

[26] *Dietz / Richardi*, § 46 BetrVG Rdnr. 13.

[27] *Fitting / Auffarth / Kaiser*, § 46 BetrVG Rdnr. 7.

[28] RG ARS 12, S. 606.

nur dann, wenn sie es entgegen dem Grundsatz von Treu und Glauben unter Mißachtung des auch von ihr zu beachtenden Gebots der vertrauensvollen Zusammenarbeit von Arbeitgeber und Betriebsrat ausübe.

Zur Begründung der Auffassung, das Teilnahmerecht des Gewerkschaftsvertreters ende im Fall des Rechtsmißbrauchs, beruft sich die herrschende Meinung auf die Rechtsprechung des Bundesarbeitsgerichts[29]. Diese wird zwar, soweit sie die Frage der Ausdehnung des Hausrechts des Betriebsratsvorsitzenden auf die Zugangswege zum Versammlungsraum betrifft, von der herrschenden Meinung abgelehnt[30]. Trotzdem sollen jedoch nach herrschender Meinung die Ausführungen des Bundesarbeitsgerichts über die Grenzen des Teilnahmerechts für die Frage herangezogen werden können, unter welchen Voraussetzungen der Arbeitgeber einem Gewerkschaftsbeauftragten aufgrund des Hausrechts das Betreten des Betriebs versagen kann.

Nach Ansicht des Bundesarbeitsgerichts soll der Arbeitgeber dem Recht der Gewerkschaftsbeauftragten, an einer Betriebsversammlung teilzunehmen, unter gewissen Voraussetzungen den Einwand unzulässiger Rechtsausübung (§ 242 BGB) entgegensetzen können[31]. Um diesen Einwand jedoch auf seltene Ausnahmefälle zu beschränken, betont das Bundesarbeitsgericht in der genannten Entscheidung[32], Umstände außerhalb des betrieblichen Geschehens müßten für die Frage einer Begrenzung des Teilnahmerechts außer Betracht bleiben. Vielmehr sei ein Rechtsmißbrauch nur dann gegeben, wenn sich der Beauftragte bereits bei früherer Gelegenheit auf der betrieblichen Ebene nicht im Rahmen seiner Befugnisse und Pflichten gehalten habe, während Annahmen und Vermutungen über künftige Ereignisse im allgemeinen unbeachtlich seien. Demgegenüber genüge es für die Beschränkung des Teilnahmerechts der Gewerkschaften nicht, daß das Erscheinen ihres Beauftragten im Betrieb dem Arbeitgeber aufgrund von Umständen außerhalb der betrieblichen Sphäre nicht zugemutet werden könne[33]. Insbesondere dürfe bei der Frage der Zumutbarkeit nicht auf die persönliche Interessenlage des Arbeitgebers im Verhältnis zur Gewerkschaft abgestellt werden.

Diese Grundsätze hat das Bundesarbeitsgericht in einer anderen Entscheidung[34] insofern modifiziert, als es betont, es komme nicht entschei-

---

[29] BAG 15, S. 307 ff. = AP Nr. 1 zu § 45 BetrVG (1952); BAG 19, S. 236 ff. = AP Nr. 2 zu § 45 BetrVG (1952).

[30] Siehe oben bei FN 8.

[31] BAG 15, S. 307 (314); BAG 19, S. 236 (241).

[32] BAG 15, S. 307 (315).

[33] BAG 15, S. 307 (316) gegen *Neumann-Duesberg*, S. 222.

[34] BAG 19, S. 236 (241).

dend darauf an, worin eine von dem Gewerkschaftsvertreter ausgehende Störung letztlich ihre Ursache habe. Maßgeblich sei vielmehr, ob aufgrund des vorangegangenen Verhaltens der betreffenden Person eine nicht unerhebliche Störung im Bereich des Betriebsgeschehens ernstlich zu befürchten sei. Dafür könne auch die persönliche, im Privatleben wurzelnde Gefährdung des Arbeitgebers durch die Teilnahme gerade dieses Gewerkschaftsvertreters von Bedeutung sein.

b) Das Fehlen des Betriebsversammlungscharakters

Auch soweit in der Person eines Versammungsteilnehmers keine Gründe vorliegen, die die Ausübung des Teilnahmerechts als rechtsmißbräuchlich erscheinen lassen könnten, soll der Arbeitgeber den Zutritt zum Betrieb auch dann versagen können, wenn die Versammlung nicht als Betriebsversammlung im Sinne des Gesetzes anzusehen ist[35].

So betonen Dietz / Richardi[36], das Teilnahmerecht der Gewerkschaft müsse entfallen, wenn zu erwarten sei, daß die Grenzen der Zuständigkeit der Betriebsversammlung nicht eingehalten würden. Desgleichen soll nach Kraft[37] und Höhne[38] der Arbeitgeber sich gegenüber dem Teilnahmerecht der Gewerkschaft auf sein Hausrecht berufen können, wenn die Tagesordnung der Betriebsversammlung unzulässige Beratungsgegenstände enthalte.

III. Das Teilnahmerecht als betriebsverfassungsrechtlicher Anspruch auf Zugang zum Versammlungsraum

1. Der Gegensatz zwischen dinglichem Hausrecht und obligatorischem Teilnahmeanspruch

Der These der herrschenden Meinung, das Hausrecht des Arbeitgebers werde durch das Teilnahmerecht der Gewerkschaft eingeschränkt, so daß ein zu Unrecht zurückgewiesener Gewerkschaftsvertreter sich auch gegen den Widerstand des Arbeitgebers den Zutritt zum Versammlungsraum verschaffen könne, sind im Schrifttum insbesondere Neumann-Duesberg[39] und Mießner[40] entgegengetreten[41]. Nach

---

[35] *Dietz / Richardi,* § 46 BetrVG Rdnr. 12, 14; *Hueck / Nipperdey,* Bd. II/2, S. 1213 FN 4; *Nikisch,* Bd. III, S. 213; *Kraft,* AuR 1961, S. 230 (232); *Höhne,* BB 1953, S. 770 (772).

[36] *Dietz / Richardi,* § 46 BetrVG Rdnr. 12.

[37] *Kraft,* AuR 1961, S. 230 (232).

[38] *Höhne,* BB 1953, S. 770 (772).

[39] *Neumann-Duesberg,* BB 1965, S. 1399 (1400), der a.a.O. FN 11 seine bislang vertretene Auffassung ausdrücklich aufgibt.

[40] *Mießner,* S. 71 ff.

[41] Im Ergebnis ebenso *Schlüter / Dudenbostel,* DB 1974, S. 2350 (2354).

dieser Auffassung darf das gewerkschaftliche Teilnahmerecht keinesfalls eigenmächtig, sondern allein mit gerichtlicher Hilfe ausgeübt werden. Selbst wenn der Arbeitgeber dem teilnahmewilligen Gewerkschaftsbeauftragten den Zugang zum Versammlungsraum zu Unrecht verwehrt, so darf sich dieser nicht einfach über den Widerspruch des Arbeitgebers hinwegsetzen; dringt der betreffende Gewerkschaftsvertreter eigenmächtig in den Betrieb ein, so liegt nach der hier genannten Ansicht in jedem Fall ein strafbarer Hausfriedensbruch vor[42].

Zur Begründung seiner Meinung führt Neumann-Duesberg an[43], das Recht der Gewerkschaft zur Teilnahme ihres Beauftragten an einer Betriebsversammlung stelle zwar Dritten gegenüber ein absolutes Recht mit entsprechenen Abwehrbefugnissen dar; dem Arbeitgeber gegenüber folge aus dem Teilnahmerecht jedoch nur ein obligatorischer, genauer betriebsverfassungsrechtlicher Duldungsanspruch. Obligatorische Ansprüche seien jedoch nicht geeignet, das Hausrecht des Arbeitgebers als dingliches Recht einzuschränken.

Auch Mießner[44] betont, im Konflikt zwischen Teilnahmerecht und Hausrecht stünden sich im wesentlichen ein schuldrechtlicher Anspruch betriebsverfassungsrechtlichen Inhalts und ein dingliches Recht gegenüber. Aus der wesensmäßigen Verschiedenheit von dinglichem Recht und schuldrechtlichem Anspruch folge, daß eine unmittelbare Beschränkung des Hausrechts durch den Teilnahmeanspruch nicht möglich sei. Diese Trennung von Schuldrecht und Sachenrecht gehe andererseits jedoch nicht soweit, daß keinerlei Auswirkungen von einem Bereich in den anderen möglich seien. Dem schuldrechtlichen Anspruch der Gewerkschaft entspreche die Duldungspflicht des Arbeitgebers. Wenn auch dem Arbeitgeber das Hausrecht an den Zugangswegen zustehe, so sei doch eine rechtmäßige Ausübung dieses Rechts angesichts des gewerkschaftlichen Anspruchs nicht möglich. Mache der Arbeitgeber von seinem Hausrecht dennoch Gebrauch, so verstoße er damit gegen seine Duldungspflicht. Dies sei möglicherweise als Rechtsmißbrauch zu betrachten, da er insoweit eine nur formale Rechtsposition geltend mache[45]. Entgegen Neumann-Duesberg, der eine Einschränkung des dinglichen Hausrechts durch das Teilnahmerecht überhaupt ablehne, könne insoweit von einer „mittelbaren Einschränkung" des Hausrechts gesprochen werden[46]. Gleichwohl könne das Teilnahmerecht jedoch keinesfalls eigenmächtig durchgesetzt werden[47]. Der obligatorische An-

[42] *Neumann-Duesberg*, BB 1965, S. 1399 (1400); *Mießner*, S. 76.

[43] *Neumann-Duesberg*, BB 1965, S. 1399 (1401).

[44] *Mießner*, S. 71.

[45] *Mießner*, S. 73.

[46] *Mießner*, S. 73.

[47] *Mießner*, S. 73 ff.

spruch der Gewerkschaft auf Teilnahme enthalte nicht zugleich die Befugnis, diesen Anspruch im Wege der Selbsthilfe zu verwirklichen. Vielmehr sei die Durchsetzung des Anspruchs an die Anrufung des Gerichts gebunden. Daher mache sich ein Gewerkschaftsvertreter, der trotz Widerspruchs des Arbeitgebers das Betriebsgelände betrete, auch dann wegen Hausfriedensbruchs strafbar, wenn dieser Widerspruch unberechtigt gewesen sei[48].

Gegen die These vom bloß obligatorischen Charakter des Teilnahmerechts, das sich im Verhältnis zum dinglichen Hausrecht des Arbeitgebers als schwächeres Recht erweise, hat sich im Schrifttum Säcker[49] gewandt. Seiner Auffassung nach handelt es sich dabei um eine „Flucht in Begriffe"; die zu lösende betriebsverfassungsrechtliche Problematik sei in den hier verwendeten Kategorien gar nicht vorbewertet. Die betriebsverfassungsrechtlichen Bindungen des Arbeitgebers seien „nicht schuldrechtlicher Natur, sondern dinglicher, intransitiver Art"; sie fänden ihr „rechtsdogmatisches Analogon nicht im Verhältnis von Schuldrecht und Sachenrecht, sondern in den aufgeteilten Sachherrschaftsbefugnissen an einer Sache des Gemeingebrauchs oder des Verwaltungsvermögens".

2. *Die Grenzen des Teilnahmeanspruchs*

Die Frage nach den Grenzen des Teilnahmeanspruchs ist nach der oben dargestellten Ansicht zwar insoweit ohne Bedeutung, als der eigenmächtige Zutritt zum Betrieb in jedem Fall als Hausfriedensbruch anzusehen ist[50]. Begehrt jedoch ein vom Arbeitgeber zurückgewiesener Gewerkschaftsvertreter vor Gericht die Durchsetzung seines Teilnahmerechts, so ergibt sich auch nach dieser Ansicht das Problem, die Grenzen des Teilnahmerechts nach § 46 BetrVG zu bestimmen.

Neumann-Duesberg[51] lehnt die insbesondere vom Bundesarbeitsgericht vertretene Ansicht, das gewerkschaftliche Teilnahmerecht entfalle nur unter den Voraussetzungen des Rechtsmißbrauchs, als zu eng ab. Statt dessen soll seiner Meinung nach maßgeblich sein, ob die Teilnahme des Gewerkschaftsbeauftragten dem Arbeitgeber zumutbar sei. Der Unterschied zwischen dem Einwand des Rechtsmißbrauchs und dem Gesichtspunkt der Unzumutbarkeit sei insofern erheblich, als Unzumutbarkeit auch dann vorliegen könne, wenn dem zutrittswilligen Gewerkschaftsvertreter kein Mißbrauch einer formalen Rechtsposition vorzuwerfen sei[52].

---

[48] *Mießner*, S. 73 ff., 76, 129.

[49] *Säcker*, BB 1966, S. 700 (703).

[50] *Neumann-Duesberg*, BB 1965, S. 1399 (1400); *Mießner*, S. 76.

[51] *Neumann-Duesberg*, BB 1965, S. 1399 (1402).

Allerdings soll auch nach Neumann-Duesbergs Ansicht keineswegs jedes dem Arbeitgeber unliebsame Verhalten eines Gewerkschaftsbeauftragten dessen Teilnahme als unzumutbar erscheinen lassen. Empfindlichkeit, Unbequemlichkeit oder ähnliche tragbare Erschwernisgründe reichten hierfür nicht aus. Als Gründe, die ein Hausverbot rechtfertigten, nennt Neumann-Duesberg die „Betriebsfriedensstörung", „ansteckende Krankheit" oder „Aufsuchen der Betriebsversammlung in betrunkenen Zustand"[53]. Daneben sollen jedoch auch außerbetriebliche Umstände, etwa schwere Diffamierungen oder unberechtigte Bestechungsvorwürfe, die Teilnahme des Gewerkschaftsvertreters unzumutbar erscheinen lassen. Beleidigungen sollen demgegenüber nicht immer zur Unzumutbarkeit führen, insbesondere wenn diese durch Zeitablauf verklungen sind[54]; andererseits soll in krassen Fällen die Teilnahme eines Gewerkschaftsvertreters an der Betriebsversammlung dem Arbeitgeber auch dann unzumutbar sein, wenn keine Wiederholung droht[55].

Auch Mießner[56] betont den Unterschied zwischen Rechtsmißbrauch und Unzumutbarkeit. Nach seiner Ansicht sollen zwar beide Gesichtspunkte in der Regel gemeinsam vorliegen[57]. In Ausnahmefällen könne jedoch dem Arbeitgeber die Erfüllung des Teilnahmeanspruchs auch dann unzumutbar sein, wenn auf Seiten der Gewerkschaft kein Rechtsmißbrauch vorliege[58]. Beharre aber der teilnahmewillige Gewerkschaftsvertreter in einem solchen Fall auf der Erfüllung seines Anspruchs, so verletze er damit das Gebot der vertrauensvollen Zusammenarbeit, mit dem es unvereinbar sei, wenn eine Seite von der anderen Unzumutbares fordere. Letztlich müsse daher das Teilnahmerecht nicht nur am Rechtsmißbrauch, sondern auch an der Zumutbarkeit seine Grenze finden[59]. Allerdings werde der Arbeitgeber nur dann von seiner Duldungspflicht befreit, wenn er höherwertige Interessen als die der Gewerkschaft an der Wahrnehmung des Teilnahmerechts geltend machen könne[60].

---

52 *Neumann-Duesberg,* BB 1965, S. 1399 (1402); kritisch hierzu *Dietz / Richardi,* § 46 BetrVG Rdnr. 12.

53 *Neumann-Duesberg,* BB 1965, S. 1399 (1402).

54 *Neumann-Duesberg,* BB 1965, S. 1399 (1402).

55 *Neumann-Duesberg,* BB 1965, S. 1399 (1402).

56 *Mießner,* S. 109 ff.

57 *Mießner,* S. 109 FN 7.

58 *Mießner,* S. 110.

59 *Mießner,* S. 111.

60 *Mießner,* S. 111.

§ 3 Die Ordnungsbefugnisse des Betriebsratsvorsitzenden und das Teilnahmerecht der Versammlungsteilnehmer

I. Der Konflikt zwischen Hausrecht, Leitungsmacht und Teilnahmebefugnis im betriebsverfassungsrechtlichen Schrifttum

Das Problem, welche Befugnisse dem Betriebsratsvorsitzenden aufgrund der Leitungsmacht nach § 42 BetrVG und aufgrund des Hausrechts am Versammlungsraum gegenüber den Teilnehmern einer Betriebsversammlung zustehen und unter welchen Voraussetzungen er von diesen Befugnissen Gebrauch machen kann, stellt sich nach der herrschenden Meinung von vornherein nur, soweit es sich bei der Versammlung überhaupt um eine Betriebsversammlung im Sinne des Gesetzes handelt. Sofern nämlich die Versammlung infolge schwerwiegender Verstöße gegen das Betriebsverfassungsgesetz ihren Charakter als Betriebsversammlung verloren hat, scheidet ein Konflikt zwischen den Rechten des Betriebsratsvorsitzenden als Versammlungsleiter und dem Teilnahmerecht der Versammlungsteilnehmer aus, weil dann nach herrschender Ansicht Leitungsrecht und Teilnahmebefugnis entfallen und das Hausrecht am Versammlungsraum wieder allein dem Arbeitgeber zusteht[1].

Nach überwiegender Auffassung soll indessen diese Rechtsfolge nicht bereits bei geringfügigen Entgleisungen, sondern erst bei nachhaltigen und schweren Verstößen gegen das Betriebsverfassungsgesetz eintreten[2]. Auch nach Auffassung der herrschenden Meinung ist es daher vorrangig die Aufgabe des Betriebsratsvorsitzenden, dafür zu sorgen, daß die Betriebsversammlung nicht gegen Vorschriften des Betriebsverfassungsgesetzes verstößt.

Das Betriebsverfassungsgesetz enthält selbst keine Bestimmung über den Inhalt der Leitungsbefugnis. Insoweit soll auf die allgemeinen parlamentarischen Grundsätze und Gepflogenheiten zurückgegriffen werden[3]. Neben der Aufgabe der Versammlungsleitung im engeren Sinne (Einhaltung der Tagesordnung, Berücksichtigung sämtlicher Wortmeldungen usf.) gehört es nach herrschender Meinung zu den Pflichten des Betriebsratsvorsitzenden, darauf zu achten, daß nur teilnahmebefugte Personen Zutritt zur Betriebsversammlung haben. Weiter hat der Versammlungsleiter für die Aufrechterhaltung der Ordnung im Versammlungsraum zu sorgen[4].

---

[1] Siehe oben § 1 II 1 bei FN 30.

[2] Siehe oben § 1 II 2 bei FN 68.

[3] *Fabricius / GK*, § 42 BetrVG Rdnr. 37, 45; *Fitting / Auffarth / Kaiser*, § 42 BetrVG Rdnr. 17; *Dietz / Richardi*, § 42 BetrVG Rdnr. 24.

[4] *Fabricius / GK*, § 42 BetrVG Rdnr. 42 ff.; *Dietz / Richardi*, § 42 BetrVG

Daraus ergibt sich zwangsläufig ein gewisses Spannungsverhältnis zwischen den Ordnungsbefugnissen des Versammlungsleiters und dem Teilnahmerecht der Versammlungsteilnehmer, wobei insbesondere die Frage Bedeutung gewinnt, ob eine auf Leitungsbefugnis oder Hausrecht gestützte Maßnahme des Versammlungsleiters (z. B. Wortentzug, Sprechverbot oder Saalverweis) von dem betroffenen Versammlungsteilnehmer in jedem Fall zu befolgen ist oder ob nur sachlich berechtigte Eingriffe in das Teilnahmerecht hingenommen werden müssen.

Das betriebsverfassungsrechtliche Schrifttum befaßt sich nur beiläufig mit dem Verhältnis von Teilnahmerecht und Leitungsbefugnis. Die betreffenden Erörterungen beschränken sich überwiegend auf die Frage, welche Rechte dem Versammlungsleiter gegenüber einem Versammlungsteilnehmer zustehen, der sein Teilnahmerecht zu rechtswidrigen Zwecken mißbraucht oder sonst den Versammlungsablauf stört.

So wird betont, das Recht zur Anwesenheit in der Betriebsversammlung erlösche, wenn das Teilnahmerecht überschritten werde, so daß der Versammlungsleiter zum Einschreiten berechtigt sei[5]. Leiste der Störer der Anordnung, die Versammlung zu verlassen, keine Folge, so begehe er einen Hausfriedensbruch und könne im Wege der Notwehr bzw. der Nothilfe zwangsweise aus dem Saal entfernt werden[6].

Demgegenüber stellt Mießner[7] auf einen anderen Gesichtspunkt ab: Das Teilnahmerecht finde seine Grenze darin, daß der Betriebsratsvorsitzende als Versammlungsleiter fungiere. Die Versammlungsteilnehmer müßten sich daher seinen Anordnungen fügen, da nur dann ein geordneter Versammlungsablauf gewährleistet sei. Ob damit allerdings ein genereller Vorrang von Leitungsmacht und Hausrecht gegenüber der Teilnahmebefugnis der Versammlungsteilnehmer begründet werden soll, läßt sich den Ausführungen Mießners nicht entnehmen.

Auch bei der Frage, ob der Betriebsratsvorsitzende einem an sich zur Teilnahme an der Betriebsversammlung befugten Gewerkschaftsvertreter von vornherein das Betreten des Betriebs versagen kann, bleibt nach den verschiedenen Äußerungen des Schrifttums das Verhältnis

---

Rdnr. 25; *Fitting / Auffarth / Kaiser*, § 42 BetrVG Rdnr. 17; *Galperin / Löwisch*, § 42 BetrVG Rdnr. 21; *Erdmann / Jürging / Kammann*, § 42 BetrVG Rdnr. 10; *Mager / Wisskirchen*, § 41 BetrVG (1952) Rdnr. 6; *Stege / Weinspach*, S. 219; *Hueck / Nipperdey*, Bd. II/2, S. 1217, 1218; *Nikisch*, Bd. III, S. 223; *Neumann-Duesberg*, S. 219; *Vogt*, S. 77; *Mießner*, S. 112 ff.; *Stevens*, S. 91.

5 *Fabricius / GK*, § 42 BetrVG Rdnr. 45, § 46 BetrVG Rdnr. 13; *Dietz / Richardi*, § 46 BetrVG Rdnr. 8; *Galperin / Löwisch*, § 46 BetrVG Rdnr. 11; *Erdmann / Jürging / Kammann*, § 46 BetrVG Rdnr. 8; *Nikisch*, Bd. III, S. 222; *Neumann-Duesberg*, S. 223; *Vogt*, S. 49, 77; *Mießner*, S. 60; *Stevens*, S. 80.

6 *Fabricius / GK*, § 42 BetrVG Rdnr. 45.

7 *Mießner*, S. 60.

von Teilnahmebefugnis und Hausrecht des Betriebsratsvorsitzenden ungeklärt.

So betont Fabricius[8], das Hausrecht des Betriebsratsvorsitzenden werde durch das Teilnahmerecht der Versammlungsteilnehmer eingeschränkt; demnach bedürfe ein nach § 46 BetrVG teilnahmebefugter Gewerkschaftsbeauftragter nicht der Zulassung durch den Versammlungsleiter. Unter bestimmten Voraussetzungen soll allerdings das Recht auf Zutritt zum Versammlungsraum entfallen können, so daß der Betriebsratsvorsitzende zur Zurückweisung des betreffenden Versammlungsteilnehmers berechtigt ist. Nach Auffassung von Nikisch[9] soll der Betriebsratsvorsitzende aufgrund seines Hausrechts „insbesondere" nicht zur Teilnahme an der Betriebsversammlung berechtigte Personen am Betreten des Versammlungsraums hindern können. Ein Verstoß gegen diese Anordnung bedeute einen strafbaren Hausfriedensbruch. Ob die genannte Rechtsfolge auch dann eintreten soll, wenn der Betriebsratsvorsitzende zu Unrecht das Teilnahmerecht bestreitet, wird von Nikisch jedoch nicht untersucht. Auch soweit im Schrifttum hervorgehoben wird, der Betriebsratsvorsitzende könne bzw. dürfe teilnahmebefugte Gewerkschaftsbeauftragte oder Vertreter der Arbeitgebervereinigung nicht aufgrund seines Hausrechts am Betreten des Versammlungsraums hindern, beschränken sich diese Stellungnahmen auf den Hinweis, ein solches Verhalten des Versammlungsleiters sei pflichtwidrig und könne daher zur Abberufung aus dem Betriebsratsamt nach § 23 Abs. 1 BetrVG führen[10]. Ob solche pflichtwidrigen Anordnungen des Versammlungsleiters das Teilnahmerecht einzuschränken vermögen und demgemäß von den Versammlungsteilnehmern zu beachten sind, wird demgegenüber nicht erörtert.

II. Die Auffassung des versammlungsrechtlichen Schrifttums

Derselbe Konflikt zwischen Leitungsmacht und Hausrecht einerseits und Teilnahmebefugnis andererseits stellt sich auch für Versammlungen nach dem Versammlungsgesetz.

Nach § 7 Abs. 1 VersG bedarf jede Versammlung eines Versammlungsleiters; dieser übt nach § 7 Abs. 4 VersG das Hausrecht im Versammlungsraum aus. Den Versammlungsteilnehmern steht, soweit sie zu dem in der Einladung benannten Personenkreis gehören, ein selbständiges Teilnahmerecht zu, in das der Versammlungsleiter nur nach Maßgabe des Versammlungsgesetzes eingreifen darf.

[8] *Fabricius / GK*, § 46 BetrVG Rdnr. 8.

[9] *Nikisch*, Bd. III, S. 223.

[10] *Dietz / Richardi*, § 46 BetrVG Rdnr. 5, § 42 BetrVG Rdnr. 25; *Fitting / Auffarth / Kaiser*, § 46 BetrVG Rdnr. 7, 13; *Mager / Wisskirchen*, § 45 BetrVG (1952) Rdnr. 8.

1. Die Einschränkung des Hausrechts durch das Teilnahmerecht

Nach herrschender versammlungsrechtlicher Auffassung kann das Hausrecht des Versammlungsleiters nicht gegenüber den zur Teilnahme an der Versammlung berechtigten Personen geltend gemacht werden[11]. Der Versammlungsleiter kann danach auf sein Hausrecht nur gegenüber solchen Personen zurückgreifen, die entweder nicht zum berechtigten Teilnehmerkreis der Versammlung gehören[12] oder aber ihr Teilnahmerecht durch Ausschluß von der Versammlung nach §§ 11 Abs. 1 VersG verloren haben[13]. Das Hausrecht des Versammlungsleiters wird also durch die Vorschriften des Versammlungsgesetzes über die Durchführung der Versammlung eingeschränkt[14].

Nach überwiegender Auffassung[15] soll diese Einschränkung des Hausrechts allerdings nur gelten, soweit und solange das Teilnahmerecht des einzelnen Versammlungsteilnehmers Bestand hat. Wird ein Versammlungsteilnehmer jedoch wegen einer groben Ordnungsstörung nach § 11 Abs. 1 VersG von der Versammlung ausgeschlossen, so soll er damit sein Teilnahmerecht verlieren. Infolgedessen entfalle die Beschränkung des Hausrechts, so daß der Versammlungsleiter nunmehr gegenüber dem störenden Teilnehmer auf sein Hausrecht zurückgreifen könne[16].

Voraussetzung für einen Ausschluß aus der Versammlung ist nach § 11 Abs. 1 VersG, daß der betreffende Teilnehmer die Ordnung der Versammlung „gröblich stört". Ob eine derart schwere Ordnungsstörung vorliegt, soll danach beurteilt werden, ob das Verhalten des störenden Teilnehmers lediglich den Leiter bzw. andere Teilnehmer in der Wahrnehmung ihrer Rechte beeinträchtigt oder aber der ordnungsgemäße Ablauf der Versammlung überhaupt in Frage gestellt ist[17]. Liegen diese Voraussetzungen im Einzelfall vor, so kann der störende Versammlungsteilnehmer von der Versammlung ausgeschlossen werden. Damit erlischt das Teilnahmerecht, so daß der Störer nunmehr kraft Hausrechts notfalls gewaltsam aus dem Versammlungsraum entfernt werden kann.

---

[11] *Dietel / Gintzel*, § 7 VersG Rdnr. 12, § 11 VersG Rdnr. 3; *Füßlein*, § 7 VersG Anm. 7; *Ott*, § 6 VersG Rdnr. 2; *Potrykus*, § 6 VersG Anm. 1.

[12] Insoweit übereinstimmend auch *Ott*, § 6 VersG Rdnr. 2.

[13] *Dietel / Gintzel*, § 7 VersG Rdnr. 14; *Füßlein*, § 7 VersG Anm. 7; *Potrykus*, § 6 VersG Anm. 1; anders wohl *Ott*, § 11 VersG Rdnr. 14.

[14] *Dietel / Gintzel*, § 11 VersG Rdnr. 3.

[15] *Dietel / Gintzel*, § 11 VersG Rdnr. 14; *Füßlein*, § 7 VersG Anm. 7; unklar Potrykus, § 6 VersG Anm. 1, § 11 VersG Anm. 2; *Ott*, § 11 VersG Rdnr. 4.

[16] *Dietel / Gintzel*, § 7 VersG Rdnr. 14; *Füßlein*, § 7 VersG Anm. 7; a. A. wohl *Ott*, § 10 VersG Rdnr. 3, § 11 VersG Rdnr. 4; *Potrykus*, § 11 VersG Anm. 2.

[17] *Dietel / Gintzel*, § 11 Vers Rdnr. 4; *Potrykus*, § 11 VersG Anm. 1.

Auch nach der Auffassung von Ott[18] wird das Hausrecht des Versammlungsleiters durch das Recht zur Teilnahme an der Versammlung eingeschränkt. So soll ein zum zugelassenen Teilnehmerkreis der Versammlung gehörender Versammlungsteilnehmer nicht aufgrund des Hausrechts am Zugang zum Versammlungsraum gehindert werden können; verschaffe er sich trotz der Abweisung Zutritt, so liege hierin kein strafbarer Hausfriedensbruch[19]. Über die vorgenannte Auffassung hinaus soll aber auch ein nach § 11 Abs. 1 VersG zu Recht von der Versammlung ausgeschlossener Teilnehmer nicht zwangsweise aus dem Versammlungsraum entfernt werden können[20]. Werde in einem solchen Fall gegen den ausgeschlossenen Teilnehmer Gewalt angewendet, um ihn aus dem Versammlungsraum zu schaffen, so soll darin eine nach § 223 StGB strafbare Körperverletzung liegen[21]. Allein die Polizei sei zur Gewaltanwendung gegenüber einem Versammlungsteilnehmer berechtigt. Dem Hausrecht des Versammlungsleiters kommt danach gegenüber Versammlungsteilnehmern offenbar keine Bedeutung zu.

2. Die Begrenzung des Teilnahmerechts durch die Leitungsmacht des Versammlungsleiters

Nach § 10 VersG sind die Versammlungsteilnehmer verpflichtet, den Anweisungen des Leiters Folge zu leisten. Dietel / Gintzel[22] führen hierzu aus, das Leitungsrecht sei stärker als das Teilnahmerecht. Andererseits dürfe das Leitungsrecht nicht willkürlich ausgeübt werden. Bei Kollisionen zwischen Leitungsrecht und Teilnahmerecht falle die Entscheidung für das Leitungsrecht, wenn es im Interesse der Versammlung und ihrer Ziele geltend gemacht werde; die Entscheidung falle hingegen für das Teilnahmerecht, wenn die Ausübung des Leitungsrechts als willkürlich erscheine, z. B. wenn mißliebige Personen von der Versammlung ausgeschlossen würden, ohne daß ein Ausschlußgrund nach § 11 Abs. 1 VersG vorliege.

Demgegenüber betonen Ott und Potrykus[23], die Folgepflicht der Versammlungsteilnehmer nach § 10 VersG gelte nur für solche Anordnungen des Versammlungsleiters, die von der Ordnungsbefugnis nach § 8 VersG gedeckt seien. So dürften sich etwa Anweisungen des Versammlungsleiters nicht auf den Inhalt der Erörterungen beziehen; zulässig

---

[18] *Ott,* § 6 VersG Rdnr. 2.

[19] *Ott,* § 6 VersG Rdnr. 2; für Pressevertreter ebenso *Schäfer / LK,* § 123 StGB Rdnr. 38; *Dreher,* § 123 StGB Rdnr. 11.

[20] *Ott,* § 11 VersG Rdnr. 4; ebenso *Potrykus,* § 11 VersG Anm. 2.

[21] *Ott,* § 11 VersG Rdnr. 4.

[22] *Dietel / Gintzel,* § 1 VersG Rdnr. 30.

[23] *Ott,* § 10 VersG Rdnr. 2; *Potrykus,* § 10 VersG Anm. 2.

seien allerdings Eingriffe, um einen Redner zur Einhaltung des Versammlungsthemas anzuhalten. Soweit der Versammlungsleiter mit seinen Anweisungen die Grenzen des Zulässigen überschreite, brauchten diese von den Versammlungsteilnehmern nicht beachtet zu werden.

Zweites Kapitel

Kritische Stellungnahme

§ 4 Die These vom Verlust des Betriebsversammlungscharakters

I. Fragestellung

Nach herrschender Meinung sollen die Vorschriften des Betriebsverfassungsgesetzes über die Betriebsversammlung nur dann Anwendung finden, wenn es sich bei der Versammlung um eine Betriebsversammlung im Sinne des Gesetzes handelt. Wird hingegen bei der Durchführung der Betriebsversammlung gegen die maßgeblichen Vorschriften des Betriebsverfassungsgesetzes verstoßen, so soll der Versammlung der Charakter der Betriebsversammlung fehlen[1].

Diese von der herrschenden Lehre vertretene Ansicht, eine Betriebsversammlung verliere unter gewissen Voraussetzungen ihren Betriebsversammlungscharakter, hat zum einen Bedeutung für das Verhältnis von Hausrecht, Leitungsmacht und Teilnahmebefugnis. Daneben wirkt sich diese Auffassung auch auf die Verpflichtung des Arbeitgebers aus, die Kosten der Betriebsversammlung zu tragen und den Versammlungsteilnehmern die Zeit der Teilnahme an der Betriebsversammlung wie Arbeitszeit zu vergüten (§§ 40 Abs. 1, 44 Abs. 1 BetrVG)[2].

Ohne bereits an dieser Stelle darauf einzugehen, ob die von der herrschenden Meinung erzielten Ergebnisse der Problematik der rechtswidrigen Betriebsversammlung letztlich gerecht werden, ist doch in jedem Fall die zur Begründung dieser Ergebnisse vorgetragene These

[1] *Dietz / Richardi,* § 42 BetrVG Rdnr. 26; *Fitting / Auffarth / Kaiser,* § 42 BetrVG Rdnr. 18; *Galperin / Löwisch,* § 42 BetrVG Rdnr. 23; *Neumann-Duesberg,* S. 223; *Vogt,* S. 79; *Mießner,* S. 101, 124 ff. Kritisch *Fabricius / GK,* § 42 BetrVG Rdnr. 5; *Hueck / Nipperdey,* Bd. II/2, S. 1214 FN 5 a; *Nikisch,* Bd. III, S. 217, 226; *Schlüter / Dudenbostel,* DB 1974, S. 2350 (2351).

[2] *Dietz / Richardi,* § 44 BetrVG Rdnr. 30; *Fitting / Auffarth / Kaiser,* § 44 BetrVG Rdnr. 21; *Galperin / Löwisch,* § 44 BetrVG Rdnr. 41; *Mager / Wisskirchen,* § 43 BetrVG (1952) Rdnr. 4; *Halberstadt / Zander,* Rdnr. 72; *Neumann-Duesberg,* S. 219; *Vogt,* S. 119; *Säcker,* DB 1965, S. 1856 ff. Gegen die Beschränkung der Vergütungspflicht auf rechtmäßige Betriebsversammlungen *Hueck / Nipperdey,* Bd. II/2, S. 1214 FN 5a; *Nikisch,* Bd. III, S. 226; *Fabricius / GK,* § 44 BetrVG Rdnr. 29 ff.; *Schlüter / Dudenbostel,* DB 1974, S. 2473.

vom Verlust des Betriebsversammlungscharakters aus methodischer Sicht kritisch zu überprüfen.

II. Die Merkmale der gesetzlichen Betriebsversammlung

Das Betriebsverfassungsgesetz enthält keine ausdrücklich als solche bezeichnete Begriffsbestimmung der Betriebsversammlung. Nach der Vorschrift des § 42 Abs. 1 S. 1 BetrVG besteht die Betriebsversammlung aus den Arbeitnehmern des Betriebs; sie wird vom Vorsitzenden des Betriebsrats geleitet. Nach § 42 Abs. 1 S. 2 BetrVG ist die Versammlung nicht öffentlich. Ob diese Merkmale, wie Fitting / Auffahrt / Kaiser[3] beiläufig bemerken, als Begriffsbestimmung der Betriebsversammlung angesehen werden können, läßt sich allein nach dem Wortlaut dieser Bestimmung nicht beurteilen.

1. Die Betriebsversammlung als vom Betriebsrat einberufene und vom Betriebsratsvorsitzenden geleitete Versammlung

Mit der herrschenden Meinung ist allerdings davon auszugehen, daß keineswegs jede Versammlung der Arbeitnehmer des Betriebs als Betriebsversammlung im Sinne des Betriebsverfassungsgesetzes anzusehen ist.

Wie sich vielmehr aus dem Charakter der Betriebsversammlung als Organ der Betriebsverfassung ergibt, stellen, wie die herrschende Lehre zutreffend annimmt, vom Arbeitgeber einberufene Belegschaftsversammlungen keine Betriebsversammlung im Sinne der §§ 42 ff. BetrVG dar[4]. Dies gilt auch dann, wenn eine solche Versammlung im Einzelfall vom Betriebsratsvorsitzenden geleitet wird[5]. Auch eine Versammlung, zu der die Arbeitnehmer aus eigener Initiative zusammentreten, ist mit der herrschenden Meinung nicht als Betriebsversammlung anzusehen[6]. Weder der Arbeitgeber, der eine derartige Versammlung einberuft, noch die Arbeitnehmer, die sich selbständig versammeln, werden in einem solchen Fall den Standpunkt vertreten, es handele sich hierbei um eine — lediglich entgegen den Vorschriften des Betriebsverfassungsgesetzes nicht vom Betriebsrat einberufene — Be-

---

[3] *Fitting / Auffarth / Kaiser*, § 42 BetrVG Rdnr. 2.

[4] *Fabricius / GK*, § 42 BetrVG Rdnr. 6; *Dietz / Richardi*, vor § 42 BetrVG Rdnr. 10; *Fitting / Auffarth / Kaiser*, § 42 BetrVG Rdnr. 12; *Galperin / Löwisch*, § 42 BetrVG Rdnr. 3; vgl. auch RAG ARS 13, S. 424; *Flatow / Kahn-Freund*, § 46 BRG Anm. 5.

[5] *Dietz / Richardi*, § 42 BetrVG Rdnr. 48.

[6] *Fabricius / GK*, § 42 BetrVG Rdnr. 3; *Dietz / Richardi*, § 42 BetrVG Rdnr. 18; *Fitting / Auffarth / Kaiser*, § 42 BetrVG Rdnr. 12; *Galperin / Löwisch*, § 42 BetrVG Rdnr. 2; *Vogt*, S. 33.

triebsversammlung. Vielmehr ergibt sich schon aus der Funktion der Versammlung, daß es sich hierbei nicht um eine Betriebsversammlung im Sinne des Betriebsverfassungsgesetzes handeln kann. Aus diesem Grund kommt hier die Anwendung der §§ 42 ff. BetrVG nicht in Betracht.

Andererseits fragt es sich, ob damit jede vom Betriebsrat einberufene Versammlung als Betriebsversammlung anzusehen ist. Möglicherweise nehmen die Betriebsratsmitglieder neben dem Betriebsratsamt noch weitere Funktionen als Privatpersonen (z. B. in einer Gewerkschaft) wahr. Daher kann sich im Einzelfall die Frage ergeben, ob eine Versammlung dem privaten Bereich der Betriebsratsmitglieder zuzurechnen ist oder ob eine Betriebsversammlung im Sinne des Betriebsverfassungsgesetzes vorliegt.

In einem solchen Zweifelsfall hat das Reichsarbeitsgericht in einer Entscheidung darauf abgestellt, daß der Betriebsratsvorsitzende eine Versammlung als Betriebsversammlung einberufen hatte[7]. Wenig später hat das Reichsarbeitsgericht in einer weiteren Entscheidung ausreichen lassen, daß eine vom Betriebsrat einberufene Versammlung u. a. „Betriebsangelegenheiten" zum Ggenstand hatte[8].

In beiden Fällen umfaßte die Versammlung die Arbeitnehmer mehrerer Betriebe. Da der Betriebsratsvorsitzende Vertreter der linksgerichteten „Revolutionären Gewerkschaftsopposition" bzw. der „Internationalen Arbeiterhilfe" zur Versammlung zugelassen und ihnen auch das Wort in der Versammlung erteilt hatte, bejahte das Reichsarbeitsgericht unter Hinweis auf die Vorschriften des Betriebsrätegesetzes über den Teilnehmerkreis der Betriebsversammlung eine Pflichtverletzung des Betriebsratsvorsitzenden. Während der Betriebsratsvorsitzende sich darauf berief, die Versammlung sei überhaupt keine Betriebsversammlung gewesen, da eine Betriebsversammlung nur die Arbeitnehmer eines Betriebes umfasse, stellte sich das Gericht auf den Standpunkt, die Versammlung habe zwar die Funktion einer Betriebsversammlung im Sinne der §§ 45 ff. BRG nicht ausüben können, weil sie die Arbeitnehmer mehrerer Betriebe umfaßt habe. Daraus folge aber nicht, daß die Vorschriften des Betriebsrätegesetzes über die Betriebsversammlung nicht anzuwenden seien. Da die Versammlung vom Betriebsratsvorsitzenden als Betriebsversammlung einberufen worden sei, müsse auch die Vorschrift des § 47 BRG Anwendung finden, nach der nur die Vertreter der wirtschaftlichen Vereinigungen der Arbeitnehmer teilnahmeberechtigt seien, nicht jedoch sonstige betriebsfremde

---

[7] RAG ARS 14, S. 264 (265) mit Anm. *Flatow*.

[8] RAG ARS 14, S. 573 mit Anm. *Flatow*.

Personen[9]. Andernfalls sei zu befürchten, daß die Regelung des Betriebsrätegesetzes über die Betriebsversammlung umgangen werde[10].

Diese weite Auslegung des Betriebsversammlungsbegriffs ist jedoch in der Literatur auf Widerstand gestoßen. So hielt bereits Flatow[11] der Auffassung des Reichsarbeitsgerichts entgegen, es gehe nicht an, eine Versammlung, die objektiv keine Betriebsversammlung darstelle, als Betriebsversammlung zu behandeln. Die Vorschriften des Betriebsrätegesetzes über den Teilnahmerkreis einer Betriebsversammlung könnten daher keine Anwendung finden. Eine andere Frage sei allerdings, ob der Betriebsratsvorsitzende durch sein Verhalten das Ansehen seines Amtes mißbraucht habe.

Auch die heute herrschende Meinung ist sich darin einig, daß allein das Merkmal der Leitung und Einberfung durch den Betriebsratsvorsitzenden einer Versammlung nicht den Betriebsversammlungscharakter verleihen kann. Würde man nämlich der weiten Auffassung des Reichsarbeitsgerichts folgen, so würden damit nicht nur die gesetzlichen Pflichten des Versammlungsleiters auf rechtswidrige „Betriebsversammlungen" ausgedehnt; vielmehr müßte auch der Arbeitgeber entsprechende Einschränkungen seiner Rechtsstellung hinnehmen.

Um ein solches Ergebnis zu vermeiden, stellt die herrschende Lehre weitere Erfordernisse auf, die vorliegen müssen, damit eine Versammlung als Betriebsversammlung im Sinne des Betriebsverfassungsgesetzes angesehen werden kann.

2. Die Betriebsversammlung als Versammlung der Arbeitnehmer des Betriebes

Welche Schwierigkeiten sich hierbei ergeben, zeigt sich indessen bei dem Versuch, die Betriebsversammlung als „Versammlung der Arbeitnehmer des Betriebs" zu kennzeichnen.

Abweichungen vom gesetzlichen Ideal einer ordnungsgemäßen Betriebsversammlung, an der die Arbeitnehmer des Betriebs, der Arbeitgeber und die nach § 46 BetrVG teilnahmebefugten Vertreter der wirtschaftlichen Vereinigungen teilnehmen, können sich in verschiedener Hinsicht ergeben. Zum einen ist denkbar, daß der Teilnehmerkreis der Versammlung über den gesetzlichen Rahmen der Betriebsversammlung hinausreicht, indem neben den Arbeitnehmern des Betriebs auch einzelne betriebsfremde Personen (z. B. Pressevertreter[12], Politiker[13], die

---

9 RAG ARS 14, S. 264.

10 RAG ARS 24, S. 573.

11 *Flatow,* Anm. zu RAG ARS 14, S. 264 (269) und S. 573 (575).

12 Vgl. *Fabricius / GK,* § 42 BetrVG Rdnr. 26; *Fitting / Auffarth / Kaiser,*

Väter von Lehrlingen[14]) an der Versammlung teilnehmen oder die Versammlung die Belegschaft mehrerer Betriebe umfaßt[15] oder gar die Öffentlichkeit zur Teilnahme an der Versammlung zugelassen wird[16]. Denkbar ist zum anderen aber auch, daß nur eine bestimmte Gruppe der Arbeitnehmer des Betriebs an einer Versammlung teilnimmt (Frauen, ausländische Arbeitnehmer), ohne daß jedoch eine Teilversammlung (§ 42 Abs. 1 S. 3 BetrVG) vorliegt[17].

In beiden Fällen läßt sich die Frage, ob eine solche Versammlung noch als — allerdings rechtswidrige — Betriebsversammlung angesehen werden kann, nur schwer beantworten.

Während das Reichsarbeitsgericht in den beiden bereits genannten Entscheidungen[18] eine Betriebsversammlung für gegeben hielt, obwohl an der Versammlung die Arbeitnehmer mehrerer Betriebe und zusätzlich betriebsfremde Personen teilgenommen hatten, hat es in einer wenig später ergangenen Entscheidung[19] die Ansicht vertreten, eine Betriebsversammlung verliere den Charakter als ordnungsgemäße Betriebsversammlung, wenn betriebsfremde Personen nicht nur zur Teilnahme an der Versammlung, sondern sogar zu einem Referat über einen wesentlichen Punkt der Tagesordnung zugelassen würden. In der Entscheidung ging es um die Pflicht des Arbeitgebers, die Kosten der Versammlung zu tragen. Anders als das Schrifttum zum Betriebsrätegesetz, das überwiegend die Auffassung vertrat, bei Verstößen gegen das Betriebsrätegesetz liege überhaupt keine Betriebsversammlung vor[20], beschränkte sich das Reichsarbeitsgericht allerdings auf die Feststellung, eine solche Versammlung könne nicht als „ordnungsgemäße Betriebsversammlung" angesehen werden[21].

---

§ 42 BetrVG Rdnr. 25; *Dietz / Richardi*, § 42 BetrVG Rdnr. 29; *Galperin / Löwisch*, § 42 BetrVG Rdnr. 26.

[13] Vgl. BAG DB 1977 S. 2452; LAG Düsseldorf, 12 BV Ta 111/72, in: Schüssler, BetrVG-Entscheidungen, § 45 Nr. 1; *Glaubitz*, BB 1972, S. 1277 (1278).

[14] *Fitting / Auffarth / Kaiser*, § 42 BetrVG Rdnr. 8; Schlichtungsausschuß Stuttgart, SchlW 1923, S. 50.

[15] *Fitting / Auffarth / Kaiser*, § 42 BetrVG Rdnr. 8; *Dietz / Richardi*, § 42 BetrVG Rdnr. 2; RAG ARS 14, S. 264 und 573.

[16] *Fabricius / GK*, § 42 BetrVG Rdnr. 29; *Fitting / Auffarth / Kaiser*, § 42 BetrVG Rdnr. 26.

[17] *Fitting / Auffarth / Kaiser*, § 42 BetrVG Rdnr. 31; *Dietz / Richardi*, § 42 BetrVG Rdnr. 15.

[18] RAG ARS 14, S. 264 ff., S. 573 ff.

[19] RAG ARS 16, S. 3 ff.

[20] *Feig / Sitzler*, § 45 BRG Anm. 1; *Flatow / Kahn-Freund*, § 47 BRG Anm. 5; *Gürteler*, § 45 BRG Anm. 1, § 47 BRG Anm. 6; ebenso Schlichtungsausschuß Stuttgart, SchlW 1923, S. 50.

[21] RAG ARS 16, S. 3 ff.

Auch die heute herrschende Lehre vertritt ganz überwiegend die Ansicht, eine Versammlung, zu der nichtteilnahmeberechtigte Personen zugelassen würden, sei keine Betriebsversammlung im Sinne des Betriebsverfassungsgesetzes; demgemäß könnten die Vorschriften des Betriebsverfassungsgesetzes über die Betriebsversammlung auf eine solche Versammlung keine Anwendung finden[22]. Ein Teil der Literatur[23] will allerdings den Arbeitgeber unter dem Gesichtspunkt der Fürsorgepflichtverletzung oder der Vertrauenshaftung zur Zahlung der Vergütung nach § 44 Abs. 1 S. 2 BetrVG verpflichten, wenn er es versäumt hat, den Verstoß gegen das Betriebsverfassungsgesetz zu beanstanden. Auf diese Weise sollen die an sich mit der engen Umgrenzung des Betriebsversammlungsbegriffs verbundenen Konsequenzen abgemildert werden[24].

3. Die Rechtmäßigkeit der Versammlung als Bestandteil des Betriebsversammlungsbegriffs

Über die beiden bislang genannten Merkmale der Betriebsversammlung hinaus will die herrschende Meinung mit der These, nur eine rechtmäßige Betriebsversammlung sei Betriebsversammlung im Sinne des Gesetzes, die Einhaltung sämtlicher maßgeblicher Rechtsvorschriften in den Begriff der Betriebsversammlung einbeziehen, um so Betriebsversammlungen von anderweitigen Veranstaltungen ohne Betriebsversammlungscharakter zu unterscheiden. Neben den Vorschriften über die Zusammensetzung der Betriebsversammlung sind dies vor allem die Regeln über die Thematik der Betriebsversammlung, die darauf abzielen, allgemeinpolitische Fragestellungen von der Betriebsversammlung fernzuhalten.

Diese Beschränkung des Betriebsversammlungsbegriffs soll nicht nur für solche Versammlungen gelten, die von vornherein nach Teilnehmerkreis und Thematik von den Vorschriften der §§ 42 ff. BetrVG abweichen; auch eine zunächst ordnungsgemäße Betriebsversammlung soll ihren Charakter als solche verlieren können, wenn z. B. die Versammlung in nicht unerheblichem Umfang ihre Zuständigkeit überschreitet oder wenn es im Verlauf der Versammlung zu nachhaltigen Ordnungsstörungen kommt[25].

---

[22] *Dietz / Richardi,* § 42 BetrVG Rdnr. 28; *Fitting / Auffarth / Kaiser,* § 42 BetrVG Rdnr. 26; *Galperin / Löwisch,* § 42 BetrVG Rdnr. 26; *Erdmann / Jürging / Kammann,* § 42 BetrVG Rdnr. 6; *Mager / Wisskirchen,* § 41 BetrVG (1952) Rdnr. 4; *Mießner,* S. 116. A. A. *Fabricius / GK,* § 42 BetrVG Rdnr. 23 ff.; *Nikisch,* Bd. III, S. 217.

[23] *Dietz / Richardi,* § 44 BetrVG Rdnr. 31; ähnlich *Fitting / Auffarth / Kaiser,* § 42 BetrVG Rdnr. 27, § 44 BetrVG Rdnr. 21; *Galperin / Löwisch,* § 42 BetrVG Rdnr. 28; § 44 BetrVG Rdnr. 41; *Säcker,* DB 1965, S. 1857; *Mießner,* S. 136; dagegen ausdrücklich *Erdmann / Jürging / Kammann,* § 42 Rdnr. 6.

[24] Kritisch hierzu *Schlüter / Dudenbostel,* DB 1974, S. 2473.

Auch hier sieht sich die herrschende Meinung freilich genötigt, die Konsequenzen der scharfen Trennung in ordnungsgemäße Betriebsversammlungen einerseits und Versammlungen ohne Betriebsversammlungscharakter andererseits abzumildern. Soweit eine Betriebsversammlung nur zum Teil oder nur vorübergehend gegen die Vorschriften des Betriebsverfassungsgesetzes verstößt, soll sie nur teilweise den Charakter als Betriebsversammlung verlieren; hinsichtlich des nicht zu beanstandenden Teils bleibt die Versammlung Betriebsversammlung, bzw. lebt der Charakter als Betriebsversammlung zu einem späteren Zeitpunkt wieder auf[26].

Die Auswirkungen dieser Betrachtungsweise zeigen sich etwa darin, daß der Vergütungsanspruch der Arbeitnehmer nach § 44 Abs. 1 S. 2 BetrVG nur anteilig entfallen soll[27]; dasselbe müßte konsequenterweise auch für die Kostentragungspflicht des Arbeitgebers nach § 40 Abs. 1 BetrVG gelten. Auch das Hausrecht des Arbeitgebers soll nur für den Zeitraum des Gesetzesverstoßes wieder aufleben; mit Wiederherstellung des Betriebsversammlungscharakters soll das Hausrecht am Versammlungsraum wieder allein dem Betriebsratsvorsitzenden als Versammlungsleiter zustehen[28].

III. Kritik

1. *Schwierigkeiten bei der Abgrenzung rechtmäßiger und rechtswidriger Betriebsversammlungen*

Mit ihrer These, eine Betriebsversammlung verliere bei Verstößen gegen das Betriebsverfassungsgesetz ihren Charakter als Betriebsversammlung, verfolgt die herrschende Meinung das Ziel, den Anwendungsbereich der gesetzlichen Regelung nach §§ 42 ff. BetrVG auf ordnungsgemäße Betriebsversammlungen zu begrenzen.

Für dieses Anliegen scheinen zunächst gute Gründe zu sprechen: Die gesetzlichen Vorschriften über die Betriebsversammlung schränken die Rechte des Arbeitgebers ein und legen diesem besondere Verpflichtungen auf. Dem Interesse des Arbeitgebers entspricht es, diese Beschränkungen möglichst gering zu halten. Auch den Interessen von Arbeit-

---

[25] *Dietz / Richardi*, § 45 BetrVG Rdnr. 2 ff.; *Fitting / Auffarth / Kaiser*, § 45 BetrVG Rdnr. 16; *Galperin / Löwisch*, § 45 BetrVG Rdnr. 16; *Erdmann / Jürging / Kammann*, § 45 BetrVG Rdnr. 12; *Stege / Weinspach*, S. 235; *Neumann-Duesberg*, S. 223; *Vogt*, S. 79; *Mießner*, S. 100 ff.; *Stevens* S. 80; *Wiesmüller*, S. 96.

[26] *Neumann-Duesberg*, S. 224; *Vogt*, S. 85; *Wiesmüller*, S. 95; *Mießner*, S. 126.

[27] *Vogt*, S. 119; *Halberstadt-Zander*, Rdnr. 72; *Priebe*, SchlW 1924, S. 125 (126).

[28] *Neumann-Duesberg*, S. 224; *Wiesmüller*, S. 95; *Mießner*, S. 125/126.

nehmern und Betriebsrat scheint es zu genügen, die ordnungsgemäße Betriebsversammlung zu schützen. Rechtswidrige Betriebsversammlungen sollen möglichst verhindert, nicht auch noch gefördert werden. Die herrschende Lehre sieht sich damit allerdings vor das Problem gestellt, rechtmäßige und rechtswidrige Betriebsversammlungen scharf voneinander zu trennen. Welche Schwierigkeiten und Zweifelsfragen sich hierbei ergeben, beweist allein die umfangreiche Kommentierung der einschlägigen Vorschriften, die bei der Durchführung einer Betriebsversammlung zu berücksichtigen sind.

So läßt sich etwa die Frage, ob es sich bei den Themen der Betriebsversammlung um Angelegenheiten tarifpolitischer, sozialpolitischer oder wirtschaftlicher Art handelt, die die Arbeitnehmer des Betriebs unmittelbar betreffen, oder ob etwa allgemeinpolitische Gesichtspunkte erörtert werden, im Einzelfall oft nur schwer beantworten[29]. Berücksichtigt man, daß sich letztlich jede betriebliche Angelegenheit in einen näheren oder ferneren Bezug zu den politischen Gegebenheiten rücken läßt, so leuchtet ein, daß auch bei sorgfältiger Prüfung letzte Zweifel nicht immer auszuräumen sind.

Ebenso schwierig erscheint die Aufgabe, kritische Äußerungen, die sich etwa in scharfer Form mit einzelnen Maßnahmen der Betriebsleitung auseinandersetzen, von polemischen oder beleidigenden Anwürfen abzugrenzen[30]. Nicht selten wird bei einzelnen Themen der Betriebsversammlung der natürliche Interessengegensatz zwischen Arbeitgeber und Arbeitnehmern zum Tragen kommen, so daß die Aussprache nicht ohne Schärfe verlaufen wird.

2. *Konsequenzen der Abgrenzungsproblematik*

a) Folgen für die Anwendung des Betriebsverfassungsgesetzes

Die Schwierigkeiten, die sich bei dem Versuch ergeben, die Anforderungen für eine rechtmäßige Betriebsversammlung exakt zu umschreiben, sind freilich nicht der herrschenden Lehre zuzuschreiben; sie beruhen vielmehr darauf, daß das Gesetz auf bestimmte Fragen keine ausdrückliche Antwort bereit hält oder aber — wie in § 45 BetrVG — zahlreiche unbestimmte Rechtsbegriffe verwendet, die abstrakt einer eindeutigen Auslegung nicht zugänglich sind. Dementsprechend handelt es sich bei den angesprochenen Auslegungsproblemen keineswegs um eine Besonderheit der vorliegenden Fragestellung; vielmehr bestätigt

---

[29] Vgl. etwa die Kommentierung bei *Fabricius / GK*, § 45 BetrVG Rdnr. 18 ff.

[30] Vgl. hierzu BAG AP Nr. 4 zu § 1 KSchG (1951); LAG Düsseldorf, AP Nr. 7 zu § 43 BetrVG (1952).

sich lediglich die allgemeine Einsicht, daß bei der Auslegung von Rechtsnormen eine mit naturwissenschaftlichen Maßstäben gemessene Exaktheit nicht zu erreichen ist[31].

Diese relative Unsicherheit, die bei der juristischen Auslegung regelmäßig verbleibt, braucht sich gleichwohl nicht notwendig als Unsicherheit bei der Rechtsanwendung auszuwirken. Das zeigt etwa das Beispiel der Verantwortlichkeit des Betriebsratsvorsitzenden, der als Versammlungsleiter den ordnungsgemäßen Ablauf der Betriebsversammlung zu überwachen hat:

Trotz der erheblichen Unklarheiten bei der Auslegung des Betriebsverfassungsgesetzes braucht der Betriebsratsvorsitzende Sanktionen nicht schon dann zu befürchten, wenn sich seine Auffassung im Ergebnis als unrichtig erweisen sollte. Sowohl für eine Abberufung vom Betriebsratsamt nach § 23 Abs. 1 BetrVG als auch für eine Schadensersatzhaftung reicht ein objektiver Verstoß gegen das Betriebsverfassungsgesetz nicht aus; erforderlich ist darüber hinaus eine Pflichtverletzung bzw. ein Verschulden des Betriebsratsvorsitzenden[32]. Auf diese Weise ist der Problematik der Abgrenzung von rechtmäßigen und rechtswidrigen Betriebsversammlungen ihre Schärfe genommen.

Demgegenüber kommen mit der These vom Verlust des Betriebsversammlungscharakters sämtliche Auslegungs- und Abgrenzungsschwierigkeiten bei der Anwendung der §§ 42 ff. BetrVG voll zum Tragen. Die herrschende Meinung bindet hier umfassende und einschneidende Rechtsfolgen an weitgehend unbestimmte Tatbestandsvoraussetzungen. Schwierige Auslegungsfragen werden zum Maßstab dafür genommen, ob die Versammlung überhaupt der Regelung des Betriebsverfassungsgesetzes unterfällt, die weitreichende Rechte und Pflichten der Beteiligten bestimmt.

Unter diesen Umständen kann die strikte Einteilung in rechtmäßige Betriebsversammlungen einerseits und Nicht-Betriebsversammlungen andererseits weder interessengerechte Ergebnisse garantieren, noch vermag sie dem Erfordernis der Rechtssicherheit in ausreichendem Maß Rechnung zu tragen. Zum Teil scheint die herrschende Lage dies selbst zu erkennen. Dementsprechend wird versucht, die These vom Verlust des Betriebsversammlungscharakters einzuschränken bzw. ihre Konsequenzen abzumildern.

So soll die Betriebsversammlung, soweit sich bestimmte Rechtsverstöße auf einen Teil der Versammlung beschränken, ihren Charakter

---

[31] *Larenz*, S. 298, 307 ff., 335; *Esser*, S. 59 ff., 64.

[32] Zu den Sanktionen bei rechtswidrigen Betriebsversammlungen siehe im einzelnen *Schlüter / Dudenbostel*, DB 1974, S. 2473 (2475); *Herschel*, DB 1975, S. 690 ff.

als Betriebsversammlung nur teilweise verlieren[33]. Selbst nach schwerwiegenden Verstößen gegen das Betriebsverfassungsgesetz, die das Hausrecht des Arbeitgebers haben wieder aufleben lassen, soll die Versammlung u. U. den Charakter als Betriebsversammlung wiedergewinnen mit der Folge, daß das Hausrecht nunmehr wieder beim Betriebsratsvorsitzenden liegt[34]. Schließlich soll nach der Auffassung einiger Autoren der Arbeitgeber die Zeit der Teilnahme an einer rechtswidrigen Betriebsversammlung vergüten müssen, wenn er es versäumt hat, auf die Rechtswidrigkeit der Versammlung hinzuweisen[35].

Sowohl die Aufspaltung des einheitlichen Gebildes einer Betriebsversammlung in verschiedene Bestandteile mit und ohne Betriebsversammlungscharakter als auch die Notwendigkeit, die Konsequenzen der engen Begriffsbildung abzumildern, machen die Schwächen der herrschenden Lehre deutlich: Die starre Trennung zwischen ordnungsgemäßer Betriebsversammlung einerseits und Nicht-Betriebsversammlung andererseits kann selbst nach der herrschenden Meinung nur mit wesentlichen Einschränkungen durchgeführt werden, wenn unbillige Ergebnisse vermieden werden sollen.

b) Folgen für das Hausrecht am Versammlungsraum

Noch deutlicher und vor allem noch folgenschwerer wirkt sich die mit der These vom Verlust des Betriebsversammlungscharakters verbundene Unsicherheit bei der Frage des Hausrechts am Betriebsversammlungsraum aus.

Solange die Betriebsversammlung rechtmäßig verläuft, steht das Hausrecht am Versammlungsraum dem Betriebsratsvorsitzenden zu. Aufgrund dieses Hausrechts ist der Betriebsratsvorsitzende befugt, über die Anwesenheit Dritter — auch des Arbeitgebers — im Versammlungsraum zu bestimmen. Verliert jedoch die Versammlung ihren Charakter als Betriebsversammlung, so steht das Hausrecht wieder dem Arbeitgeber zu. Er ist nunmehr befugt, sämtliche Versammlungsteilnehmer — auch den Betriebsratsvorsitzenden — aus dem Versammlungsraum zu weisen[36].

Die Voraussetzungen, unter denen sich dieser Wechsel in der Hausrechtsbefugnis vollzieht, sind mit der These vom Verlust des Betriebs-

---

[33] *Vogt*, S. 119; *Halberstadt / Zander*, Rdnr. 72; *Priebe*, SchlW 1924, S. 125/126.

[34] *Neumann-Duesberg*, S. 224; *Wiesmüller*, S. 95; *Mießner*, S. 126.

[35] *Dietz / Richardi*, § 44 BetrVG Rdnr. 31; *Fitting / Auffarth / Kaiser*, § 44 BetrVG Rdnr. 21; *Galperin / Löwisch*, § 44 BetrVG Rdnr. 41; *Nikisch*, Bd. III, S. 223; *Mießner*, S. 136; dagegen *Erdmann / Jürging / Kammann*, § 42 BetrVG Rdnr. 6.

[36] Siehe oben § 1 II.

versammlungscharakters keinesfalls exakt umrissen. Für die Beteiligten ergibt sich daraus eine erhebliche Rechtsunsicherheit.

Läßt z. B. der Betriebsratsvorsitzende als Versammlungsleiter ein Referat zu, das nach Auffassung des Arbeitgebers die Grenzen des § 45 BetrVG weit überschreitet, so wird sich der Arbeitgeber unter diesen Umständen zu einem Einschreiten berechtigt sehen. Demgegenüber wird der Betriebsratsvorsitzende das Hausrecht am Betriebsversammlungsraum weiter für sich in Anspruch nehmen wollen, solange er einen Verstoß gegen das Betriebsverfassungsgesetz nicht für gegeben hält. Berufen sich in einer solchen Situation Betriebsratsvorsitzender und Arbeitgeber zugleich auf das Hausrecht, so ist für die Versammlungsteilnehmer nicht erkennbar, wessen Anordnungen sie folgen sollen.

Über die damit geschaffene allgemeine Verwirrung hinaus ergeben sich indessen noch weitere Folgen: Macht der Arbeitgeber im Einzelfall zu Recht von seinem Hausrecht Gebrauch, so erfüllt die Weigerung eines Versammlungsteilnehmers, den Versammlungsraum zu verlassen, den Tatbestand des Hausfriedensbruchs nach § 123 StGB. Umgekehrt verletzt ein vorschnelles Eingreifen des Arbeitgebers das Hausrecht des Betriebsratsvorsitzenden; zugleich kann gegenüber den Versammlungsteilnehmern eine Nötigung nach § 240 StGB vorliegen.

Eine Bestrafung der Beteiligung wird allerdings in der Regel ausscheiden, da meist Irrtumsregeln eingreifen. Davon unabhängig bleibt aber die Möglichkeit bestehen, daß die Beteiligten gegen den tatsächlich oder vermeintlich rechtswidrigen Angriff des „Gegners“ Notwehr bzw. Putativ-Notwehr üben und hierbei auch Gewalt einsetzen.

Die Unsicherheit, die mit der These vom Verlust des Betriebsversammlungscharakters verbunden ist, bewirkt also im vorliegenden Zusammenhang die Gefahr, daß Meinungsverschiedenheiten über schwierige Rechtsfragen in einer gewaltsamen Auseinandersetzung um das Hausrecht am Betriebsversammlungsraum enden. Ein ordnungsgemäßer Ablauf der Betriebsversammlung wird auf diese Weise endgültig unmöglich gemacht.

3. Der Ursprung der These vom Verlust des Betriebsversammlungscharakters

Die Problematik der These vom Verlust des Betriebsversammlungscharakters liegt zu einem wesentlichen Teil darin begründet, daß das Schrifttum zum Betriebsverfassungsgesetz die Ansicht, nur eine ordnungsgemäße Betriebsversammlung sei eine solche im Sinne des Gesetzes, kritiklos aus dem Schrifttum zum Betriebsrätegesetz übernommen hat, ohne dabei die Zielsetzung der übernommenen These zu überprüfen.

Bereits in dem unmittelbar nach Inkrafttreten des Betriebsrätegesetzes erschienenen Kommentar zum Betriebsrätegesetz vertrat Flatow[37] die Auffassung, eine Betriebsversammlung liege nicht vor, wenn betriebsfremde Personen zur Versammlung zugelassen würden. Dieser Ansicht folgten weitere Autoren, die dieselbe Meinung auch für die Thematik der Betriebsversammlung vertraten[38].

Der Sinn dieser engen Interpretation des Betriebsversammlungsbegriffs lag darin, die Verpflichtung des Arbeitgebers, einen Raum für die Versammlung zur Verfügung zu stellen bzw. die Kosten für die Anmietung eines Versammlungsraums zu tragen, auf ordnungsgemäße Betriebsversammlungen zu begrenzen. Statt, wie es dogmatisch ebenfalls möglich gewesen wäre, bei Verstößen gegen Thematik oder Teilnehmerkreis der Betriebsversammlung eine entsprechende Verpflichtung des Arbeitgebers mit der Begründung abzulehnen, im Hinblick auf den gesetzwidrigen Verlauf der Versammlung fehle es an der „Erforderlichkeit" der Aufwendungen[39], sprach das Schrifttum zum Betriebsrätegesetz einer rechtswidrigen Betriebsversammlung grundsätzlich den Charakter als Betriebsversammlung ab. Da somit unter dem Begriff „Betriebsversammlung" nur ordnungsgemäße Versammlungen verstanden werden sollten, ergab es sich von selbst, daß bei Verstößen gegen das Gesetz der Arbeitgeber mangels Betriebsversammlung zur Kostentragung nicht verpflichtet war.

Die Bedeutung der These vom Verlust des Betriebsversammlungscharakters beschränkte sich indessen nach dem Schrifttum zum Betriebsrätegesetz auf diese eine Fragestellung. Die Problematik hinsichtlich der Vergütung der Zeit der Teilnahme an einer rechtswidrigen Betriebsversammlung stellte sich demgegenüber nach der damaligen Gesetzeslage nicht.

Auch für die Frage, wem das Hausrecht am Versammlungsraum zustehe, hatte die These vom Verlust des Betriebsversammlungscharakters keine Bedeutung; ob der Arbeitgeber kraft Hausrechts in eine rechtswidrige Versammlung eingreifen könne, wurde, soweit ersichtlich, im Schrifttum zum Betriebsrätegesetz nicht erörtert.

Die Übernahme der These vom Verlust des Betriebsversammlungscharakters durch das Schrifttum zum Betriebsverfassungsgesetz läßt diese Begrenzung der ursprünglichen Fragestellung außer acht. Die herrschende Meinung übersieht dabei, daß jeder Rechtsbegriff — und damit auch der Begriff der Betriebsversammlung — auf die jeweils ge-

[37] *Flatow*, § 47 BRG Anm. 1; ähnlich *Feig / Sitzler*, § 45 BRG Anm. 1.

[38] *Mansfeld*, § 45 BRG Anm. 1, 2, § 47 BRG Anm. 1; *Gürteler*, § 45 BRG Anm. 1, § 47 Anm. 6; *Priebe*, SchlW 1924, S. 126.

[39] So noch RAG ARS 3, S. 83 (84).

stellte Ordnungsaufgabe hin relativ ist und im Hinblick auf die maßgeblichen Ordnungsfragen jeweils neu zu verstehen ist[40]. Demgegenüber will die herrschende Meinung den in einem bestimmten Sachzusammenhang auf rechtmäßige Versammlungen eingeengten Begriff der Betriebsversammlung ohne weiteres zu Lösung der gesamten Problematik der Betriebsversammlung nach dem Betriebsverfassungsgesetz verwenden.

4. Die Auslegung des Gesetzes nach dessen Sinn und Zweck

Welche Rechtsfolgen eintreten sollen, wenn die Betriebsversammlung von den Vorschriften der §§ 42 ff. BetrVG abweicht, kann daher nicht mit Hilfe der von der herrschenden Meinung vertretenen These vom Verlust des Betriebsversammlungscharakters entschieden werden; statt dessen ist jeweils unter Berücksichtigung von Sinn und Zweck der verschiedenen Normen des Betriebsverfassungsgesetzes zu fragen, ob eine bestimmte Rechtsfolge nur dann eintreten soll, wenn die Versammlung den Vorschriften des Betriebsverfassungsgesetzes entsprechend durchgeführt wird, oder ob ihre Anwendung auch auf eine rechtswidrige Betriebsversammlung in Betracht kommt[41].

Dabei ist durchaus denkbar, daß hinsichtlich verschiedener Rechtsfolgen (Vergütungspflicht nach § 44 BetrVG, Kostentragungspflicht nach § 40 BetrVG, Leitungsrecht nach § 42 BetrVG und Hausrecht) verschiedene Ergebnisse erzielt werden. Eine generelle Lösung der Problematik der rechtswidrigen Betriebsversammlung, wie sie mit der These vom Verlust des Betriebsversammlungscharakters angestrebt wird, ist weder eine logische noch eine sachliche Notwendigkeit; vielmehr liegt ein entscheidender Mangel der herrschenden Meinung gerade darin, daß sie bei ihrem Lösungsversuch außer acht läßt, daß hinsichtlich verschiedener Rechtsfolgen unterschiedliche Interessen zu berücksichtigen sind.

So wird man etwa in dem Fall, daß der Betriebsrat für die Durchführung einer Betriebsversammlung die Bereitstellung eines Versammlungsraums verlangt, mit der herrschenden Ansicht durchaus zu dem Ergebnis gelangen können, eine solche Verpflichtung des Arbeitgebers bestehe nur bei rechtmäßigen Betriebsversammlungen. Will der Arbeitgeber also keinen Raum zur Verfügung stellen, weil er Zusammensetzung oder Thematik der Versammlung für rechtswidrig hält, so sind die Interessen des Betriebsrats ausreichend durch die Möglichkeit geschützt, gegen diese Weigerung gerichtliche Hilfe in Anspruch zu nehmen. Das angerufene Gericht hat dann selbständig zu prüfen, ob die geplante Betriebsversammlung mit den Vorschriften des Betriebsverfassungsgesetzes in Einklang steht[42].

---

[40] *Esser*, S. 103, 103; *Larenz*, S. 432, 466 ff.

[41] Ebenso *Fabricius / GK*, § 42 BetrVG Rdnr. 5.

Demgegenüber sind, wie bereits an anderer Stelle dargelegt[43], bei der Frage der Vergütungspflicht des Arbeitgebers nach § 44 Abs. 1 S. 2 BetrVG andere Gesichtspunkte zu berücksichtigen: In aller Regel werden die Versammlungsteilnehmer nicht erkennen können, ob eine Versammlung noch als rechtmäßige Betriebsversammlung anzusehen ist. Bereits der Gesichtspunkt des Vertrauensschutzes spricht somit gegen eine Beschränkung des Vergütungsanspruchs auf rechtmäßige Betriebsversammlungen. Darüber hinaus ist zu beachten, daß die Arbeitnehmer selbst keinen Einfluß darauf nehmen können, ob die Vorschriften des Betriebsverfassungsgesetzes über die Durchführung der Betriebsversammlung eingehalten werden. Diese Aufgabe obliegt vielmehr dem Versammlungsleiter. Wollte man den Anspruch der Versammlungsteilnehmer auf Vergütung der Teilnahmezeit auf rechtmäßige Betriebsversammlungen beschränken, so müßte letztlich die Arbeitnehmerschaft als ganze für das Fehlverhalten des Betriebsratsvorsitzenden oder einzelner Arbeitnehmer einstehen[44].

Auch bei der im Rahmen der vorliegenden Arbeit zu untersuchenden Frage, welche Folgen sich aus einem Verstoß gegen die Normen des Betriebsverfassungsgesetzes für das Leitungsrecht nach § 42 BetrVG und das Hausrecht am Versammlungsraum ergeben, kann somit nicht ohne weiteres gefolgert werden, die Befugnisse des Betriebsratsvorsitzenden hätten nur für rechtmäßige Betriebsversammlungen Bedeutung. Neben dem Interesse des Arbeitgebers, die Beschränkungen seiner Rechtsstellung möglichst gering zu halten und die Befugnisse des Betriebsrats auf rechtmäßige Betriebsversammlungen zu beschränken, ist vielmehr auch den Gesichtspunkten der Praktikabilität und der Rechtssicherheit Rechnung zu tragen.

Eine überzeugende Lösung, die diese Erfordernisse beachtet, läßt sich daher nicht mit Hilfe der These vom Verlust des Betriebsversammlungscharakters, sondern nur durch eine Auslegung des Gesetzes nach dessen Sinn und Zweck erreichen.

§ 5 Der Begriff des Hausrechts

I. Fragestellung

Die herrschende Meinung bezeichnet die Befugnis, über die Anwesenheit im Versammlungsraum bestimmen zu dürfen, mit dem Begriff

[42] In einer grundlosen Weigerung des Arbeitgebers, einen Raum zur Verfügung zu stellen, kann darüber hinaus eine nach § 119 Abs. 1 Nr. 2 BetrVG strafbare Behinderung der Betriebsratstätigkeit liegen. Vgl. *Dietz / Richardi*, § 119 BetrVG Rdnr. 16; *Fitting / Auffarth / Kaiser*, § 119 BetrVG Rdnr. 6.

[43] *Schlüter / Dudenbostel*, DB 1974, S. 2473.

[44] *Schlüter / Dudenbostel*, DB 1974, S. 2473; *Fabricius / GK*, § 45 BetrVG Rdnr. 67 ff.

„Hausrecht". Aufgrund dieses Hausrechts soll sowohl der Betriebsratsvorsitzende gegenüber störenden Versammlungsteilnehmern für Ordnung sorgen, kraft seines „wiederaufgelebten" oder an ihn „zurückgefallenen" Hausrechts soll der Arbeitgeber ähnliche Sanktionen treffen können.

Das Betriebsverfassungsgesetz spricht indessen weder vom Hausrecht des Betriebsratsvorsitzenden noch von dem des Arbeitgebers. In § 42 Abs. 1 BetrVG ist lediglich vom Leitungsrecht des Betriebsratsvorsitzenden die Rede. Auch dem BGB ist der Begriff des Hausrechts fremd.

Der Versuch, die Befugnisse des Betriebsratsvorsitzenden bei der Leitung der Betriebsversammlung von den Rechten des Arbeitgebers abzugrenzen, stößt somit von vornherein auf die Schwierigkeit, daß das „Objekt der Untersuchung", nämlich das Hausrecht, nicht als gesetzlich fixierter Begriff vorgegeben ist. Hieraus ergeben sich eine Reihe von Unklarheiten, die im folgenden aufgezeigt werden sollen.

II. Unklarheiten bei Herleitung und Anwendung des Hausrechtsbegriffs

1. Inhalt und Grundlagen des Hausrechts

Soweit das betriebsverfassungsrechtliche Schrifttum überhaupt eine Definition des Hausrechts für erforderlich hält, findet sich etwa die Formulierung, das Hausrecht umfasse die Berechtigung, „in Haus und Hof zu schalten und zu walten"[1]. Gegenstand des Hausrechts ist also die Befugnis, darüber zu bestimmen, wer sich an dem vom Hausrecht geschützten Ort aufhalten darf und wer nicht[2].

Unklarheit besteht jedoch in der Frage, aus welcher Rechtsnorm die als Hausrecht bezeichnete Befugnis herzuleiten ist.

Während teilweise hierfür auf die Normen über den Schutz von Eigentum und Besitz (§§ 1004, 862, 823 Abs. 1 BGB)[3] oder allgemein auf den Besitz[4] Bezug genommen wird, wird von anderer Seite gerade der Unterschied zwischen Hausrecht, Eigentum und Besitz betont[5]. Weiter werden in diesem Zusammenhang die Vorschriften des § 123 StGB (Hausfriedensbruch)[6] oder des Art. 13 GG (Grundrecht der Unverletz-

---

[1] *Jaenecke*, DB 1957, S. 380; *Röhsler*, AuR 1959, S. 353 (354), *ders.*, AR-Blattei, A I.

[2] *Säcker*, BB 1966, S. 700 (702); *Röhsler*, AuR 1953, S. 353 (354); *ders.*, AR-Blattei, A I.

[3] *Säcker*, BB 1966, S. 700 (703).

[4] *Mießner*, S. 49; *Joachim*, BetrVerf 1954, Heft 9, S. 9; *Röhsler*, AR-Blattei, A I; *ders.*, AuR 1959, S. 353 (354); *Gross*, RdA 1953, S. 91 (93); *Reckenfelderbäumer*, SAE 1952, S. 127; siehe auch *Fabricius / GK*, § 42 BetrVG Rdnr. 49, 50.

[5] *Dietz*, Anm. zu BAG AP Nr. 1 zu § 45 BetrVG (1952), Bl. 7.

lichkeit der Wohnung)[7] genannt. Nach anderer Ansicht[8] soll das Hausrecht des Betriebsratsvorsitzenden eine spezifisch betriebsverfassungsrechtliche Befugnis darstellen. Normen des Zivilrechts sollen nach dieser Auffassung als Rechtsgrundlage nicht in Betracht kommen, da es sich bei der Frage nach dem Hausrecht am Betriebsversammlungsraum um eine „sozialrechtliche Problematik" handele. Vereinzelt wird schließlich zur Begründung des Hausrechts auf die Vorschrift des § 7 Abs. 4 VersG verwiesen, nach der der Versammlungsleiter das Hausrecht am Versammlungsraum ausübt[9].

2. *Die Anwendung des Hausrechtsbegriffs zur Begründung bestimmter Ergebnisse*

Soweit in den oben genannten Auffassungen zur Klärung des Hausrechtsbegriffs auf bestimmte Rechtsnormen Bezug genommen wird, werden die erzielten Ergebnisse gleichwohl in aller Regel nicht mit Hilfe der angeführten Vorschriften begründet; vielmehr werden hierfür zumeist allgemeine Überlegungen über das Hausrecht und sein Verhältnis zu anderweitigen Befugnissen angestellt. Das gilt nicht nur für den Hinweis auf strafrechtliche oder verfassungsrechtliche Normen; auch soweit das Hausrecht mit Eigentum und Besitz in Zusammenhang gebracht wird, werden die gewünschten Ergebnisse ganz überwiegend nicht aus den hierfür einschlägigen Rechtsnormen hergeleitet, sondern auf allgemeine Überlegungen über das Hausrecht gestützt[10].

a) „Unmittelbare" oder „mittelbare Einschränkung" des Hausrechts

Das zeigt sich etwa bei der oben dargestellten Problematik, ob der Arbeitgeber aufgrund seines Hausrechts einen Gewerkschaftsvertreter am Betreten des Betriebs hindern kann.

Die Überlegungen, inwiefern das Zugangsrecht des Gewerkschaftsvertreters das Hausrecht „unmittelbar einschränke" oder ob nur eine „mittelbare Einschränkung" des Hausrechts in Frage komme[11], lassen

---

[6] *Jaenecke*, DB 1957, S. 380; *Röhsler*, AuR 1959, S. 353 (354); *Säcker*, BB 1966, S. 700 (703).

[7] *Gross*, RdA 1953, S. 91; *Röhsler*, AuR 1959, S. 353 (354); *Jaenecke*, DB 1957, S. 380.

[8] *Fabricius / GK*, § 42 BetrVG Rdnr. 51.

[9] *Fabricius / GK*, § 42 BetrVG Rdnr. 44; *Fitting / Auffarth / Kaiser*, § 42 BetrVG Rdnr. 18; *Hueck / Nipperdey*, Bd. II/2, S. 1213 FN 4; *Säcker*, BB 1966, S. 700 (702).

[10] Besonders deutlich *Meißner*, S. 49, 51 einerseits, S. 44, 60, 71, 124 andererseits; ähnlich *Säcker*, BB 1966, S. 700 (703).

[11] Vgl. oben § 2 bei FN 46.

einen Bezug zu den jeweils als Rechtsgrundlage des Hausrechts genannten Normen ebenso wenig erkennen wie die Unterscheidung zwischen „dinglichem" Hausrecht und bloß „schuldrechtlichem" Teilnahmeanspruch[12]. Dasselbe gilt für die These, das zivilrechtliche Hausrecht des Arbeitgebers werde durch die Normen der Betriebsverfassung „überlagert" und müsse im Konflikt mit dem Zugangsrecht „zurücktreten"[13].

b) „Übergang" und „Heimfall" des Hausrechts

Das gleiche gilt für die Frage des „Hausrechtsübergangs" vom Arbeitgeber auf den Betriebsratsvorsitzenden bzw. den „Heimfall" des Hausrechts bei rechtswidrigem Verlauf der Betriebsversammlung.

Die im Schrifttum verwendeten Formulierungen, das Hausrecht am Versammlungsraum werde auf den Betriebsratsvorsitzenden „delegiert" bzw. „gehe auf diesen über"[14], „falle" jedoch unter Umständen wieder an den Arbeitgeber „zurück" bzw. „lebe" in der Person des Arbeitgebers „wieder auf"[15], lassen erkennen, daß die gewünschten Ergebnisse ohne Bezug zu bestimmten Rechtsnormen allein mit Hilfe des Hausrechtsbegriffs begründet werden. Auch die von Mießner vertretene Unterscheidung zwischen „Hausrechtssubstanz" und „Ausübungsbefugnis"[16] findet in den angezogenen Normen über Eigentum und Besitz keinen Anhaltspunkt.

3. *Stellungnahme*

Dieser Überblick über die verschiedenen Aussagen des betriebsverfassungsrechtlichen Schrifttums zum Begriff und den Rechtsgrundlagen des Hausrechts macht deutlich, daß es der herrschenden Meinung nicht gelingt, die von ihr vertretenen Thesen auf eine ausreichend klare dogmatische Grundlage zu stellen. Vielmehr ist festzustellen, daß zur Begründung bestimmter Ergebnisse teilweise zu eigenartigen, rechtlich kaum faßbaren Begriffsbildungen und Konstruktionen gegriffen wird. Hierdurch wird die rechtliche Überprüfung der herrschenden Lehre erheblich erschwert.

In den genannten Unklarheiten liegt wohl auch letztlich der Grund dafür, daß Fabricius[17] den von der herrschenden Meinung vertretenen Hausrechtsbegriff zur Lösung der betriebsversammlungsrechtlichen Problematik für untauglich hält und statt dessen ein eigenständiges

---

[12] Vgl. oben § 2 III bei FN 43.

[13] Vgl. oben § 2 III bei FN 49.

[14] Vgl. oben § 1 I bei FN 13.

[15] Vgl. oben § 1 II bei FN 31.

[16] Vgl. oben § 1 I bei FN 20.

[17] *Fabricius / GK*, § 42 BetrVG Rdnr. 51.

betriebsverfassungsrechtliches Hausrecht des Betriebsratsvorsitzenden annimmt. Ob freilich auf diese Weise die Schwächen der herrschenden Ansicht tatsächlich vermieden oder aber nur mit Hilfe eines neuen Begriffs überdeckt werden, muß offen bleiben, wenn nicht zunächst versucht wird, die von der herrschenden betriebsverfassungsrechtlichen Lehre erzielten Ergebnisse anhand der einschlägigen Rechtsnormen auf ihre Richtigkeit hin zu überprüfen. Erst im Anschluß daran läßt sich die Frage beantworten, ob, wie Fabricius meint, das „sozialrechtliche Problem" der Betriebsversammlung nur mit Hilfe eines spezifisch betriebsverfassungsrechtlichen Hausrechtsbegriffs gelöst werden kann.

III. Der Hausrechtsbegriff außerhalb des betriebsverfassungsrechtlichen Schrifttums

Das betriebsverfassungsrechtliche Schrifttum steht allerdings mit seinem rechtlich unklaren Hausrechtsbegriff nicht allein. Auch außerhalb des Arbeits- und Betriebsverfassungsrechts finden sich zahlreiche Erscheinungsformen des Hausrechts. So bezeichnet etwa die strafrechtliche Dogmatik das geschützte Rechtsgut des § 123 StGB als Hausrecht; Art. 40 GG spricht vom Hausrecht des Parlamentspräsidenten; in § 7 Abs. 4 VersG ist vom Hausrecht des Versammlungsleiters die Rede. Für das öffentliche Recht schließlich wird zunehmend die Auffassung eines „öffentlich-rechtlichen Hausrechts" an Behörden-, Anstalts- und Gerichtsgebäuden vertreten. Angesichts dieser Übereinstimmung mit der im betriebsverfassungsrechtlichen Schrifttum verwendeten Terminologie liegt die Frage nahe, inwieweit sich hieraus Hinweise auf Rechtsnatur und Grundlagen des Hausrechtsbegriffs ergeben.

1. Das Hausrecht nach § 123 StGB

Nach § 123 StGB macht sich wegen Hausfriedensbruchs strafbar, wer in bestimmte geschützte Räumlichkeiten widerrechtlich eindringt oder dort unbefugt verweilt, und sich trotz Aufforderung des Berechtigten nicht entfernt.

§ 123 StGB verwendet selbst also den Begriff des Hausrechts nicht. Indessen wird in der Rechtsprechung und im strafrechtlichen Schrifttum übereinstimmend das in § 123 StGB geschützte Rechtsgut als Hausrecht bezeichnet[18]. Wer jedoch Inhaber dieses Rechtsguts ist und woraus sich die als Hausrecht bezeichnete Befugnis herleitet, darüber gibt die Vor-

---

[18] Vgl. RGSt 24, S. 194; 36, S. 322; 46, S. 405; 47, S. 270; 57, S. 139; *Schönke / Schröder / Cramer*, § 123 StGB Rdnr. 1; *Dreher*, § 123 StGB Rdnr. 1; *Rudolphi/ SK*, § 123 StGB Rdnr. 1; *Schäfer / LK*, § 123 StGB Rdnr. 1; *Preisendanz*, § 123 StGB Anm. 1; *Maurach*, S. 180; *Welzel*, S. 332; *Blei*, S. 96.

schrift des § 123 StGB selbst keine Auskunft. Auch die strafrechtliche Dogmatik hält auf diese Fragen keine klare Antwort bereit.

Die Rechtsprechung des Reichsgerichts hat vereinzelt das Hausrecht an die Innehabung des unmittelbaren Besitzes geknüpft[19]. Demgemäß hat sie dem Mieter trotz Kündigung des Mietvertrags den Schutz des § 123 StGB auch gegenüber dem Vermieter und Eigentümer der Mietsache zugestanden. Demgegenüber fehlt in zahlreichen anderen Entscheidungen eine solche Bezugnahme auf die zivilrechtliche Rechtslage[20].

So hatte in einer — noch vor Inkrafttreten des BGB ergangenen — Entscheidung[21] das Reichsgericht die Frage zu entscheiden, wem das Hausrecht an einem Versammlungsraum in einer Gastwirtschaft zustehe: Ein Gastwirt hatte einer Wählervereinigung einen Saal für eine politische Versammlung zur Verfügung gestellt. In der Versammlung anwesend war auch ein Mitglied einer gegnerischen politischen Partei. Der Leiter der Versammlung forderte dieses Parteimitglied vergeblich auf, die Versammlung zu verlassen, da nur Gesinnungsgenossen der Wählervereinigung teilnahmeberechtigt seien. Während in der Vorinstanz das Vorliegen eines Hausfriedensbruchs mit der Begründung verneint worden war, es habe an einer Aufforderung des „Berechtigten“ im Sinne des § 123 StGB gefehlt, da allein der Gastwirt Inhaber des Hausrechts geblieben sei, vertrat das Reichsgericht die Auffassung, der Versammlungsleiter sei jedenfalls gegenüber den Versammlungsteilnehmern zur Ausübung des Hausrechts befugt gewesen. Wenn auch eine ausdrückliche Übertragung des Hausrechts fehle, so habe der Gastwirt doch, indem er den Raum zur Verfügung gestellt habe, dem Versammlungsleiter das Recht eingeräumt, über die Räumlichkeit zu verfügen. Offengelassen hat das Reichsgericht demgegenüber die Frage, ob sich der Gastwirt seines Hausrechts auch insoweit entäußert habe, daß er selbst zur Ausübung nicht mehr befugt gewesen wäre.

Eine ähnliche Problematik findet sich in einer späteren Reichsgerichtsentscheidung[22]. Anläßlich einer Betriebsratswahl hatte ein Gewerkschaftssekretär einen Zechenbetrieb und einen dort gelegenen Wahlraum betreten, ohne daß ihm ein Recht zur Teilnahme an der Betriebsratswahl zustand. Ein Strafantrag (vgl. § 123 Abs. 2 StGB) war jedoch nur seitens der Zecheneigentümerin, nicht jedoch vom Wahlvorstand gestellt worden. Das Reichsgericht vertrat folgenden Standpunkt: Zwar habe dem Wahlvorstand ein Hausrecht gegenüber solchen Per-

---

[19] RGSt 36, S. 323; 57, S. 139.

[20] RGSt 24, S. 194; 46, S. 405; 47, S. 270; 61, S. 34. Siehe auch OLG Köln MDR 1954, S. 359, OLG Braunschweig NJW 1966, S. 263.

[21] RGSt 24, S. 194.

[22] RGSt 61, S. 34.

sonen zugestanden, die die Wahlhandlung störten. Daneben habe jedoch das Hausrecht der Eigentümerin fortbestanden, wenn es auch „in gewissem Umfang beschränkt" gewesen sei. Die Anwesenheit des Gewerkschaftssekretärs habe daher nicht nur das Hausrecht des Wahlvorstands, sondern zugleich dasjenige der Zecheneigentümerin verletzt, so daß deren Strafantrag als ausreichend zu betrachten sei.

Das Reichsgericht nahm in der letztgenannten Entscheidung an, neben dem Hausrecht des Versammlungsleiters habe dasjenige des Eigentümers fortbestanden. Das Verhältnis der beiden sich überlagernden Hausrechtsbefugnisse zueinander bleibt indessen ungeklärt. Im Schrifttum zum Betriebsrätegesetz und auch in der betriebsverfassungsrechtlichen Literatur ist denn auch diese Entscheidung wegen ihrer ungenauen Ausprägung auf Kritik gestoßen[23]. So bemängelte bereits Flatow[24], die bisherige Wissenschaft und Praxis kenne die Theorie eines in gewissem Umfang beschränkten, im übrigen aber fortbestehenden Hausrechts nicht. Die statt dessen von Flatow vorgeschlagene Lösung, das Hausrecht am Wahlraum solle ausschließlich dem Leiter der Versammlung zustehen, das Hausrecht des Eigentümers solle jedoch wieder aufleben, wenn der Versammlungsleiter einen Störer aus dem Saal weise, läßt jedoch ebenfalls einen Bezug zu konkreten Rechtsvorschriften nicht erkennen.

Nicht anders als die Rechtsprechung läßt auch die srafrechtliche Literatur im allgemeinen klare Aussagen über das Hausrecht vermissen. Zwar wird verschiedentlich betont, das Rechtsgut des § 123 StGB sei sowohl mit der persönlichen Freiheit als auch mit dem Besitzrecht verwandt[25]; vereinzelt wird auch auf Parallelen zwischen dem Schutz des Hausrechts nach § 123 StGB und dem Besitzschutz nach §§ 859 ff. BGB hingewiesen[26]. Ganz überwiegend wird jedoch der Frage nach dem rechtlichen Zusammenhang zwischen strafrechtlichem Hausrecht und Besitz ausgewichen[27] und auf eine Herleitung des Hausrechts überhaupt verzichtet.

Das zeigt sich etwa bei der Frage nach dem Hausrecht an gemieteten Räumen. Nach herrschender Auffassung soll das Hausrecht zwar grundsätzlich dem Mieter zustehen; u. U. soll aber auch der Vermieter die Befugnis haben, über die Benutzung der Mieträume zu entscheiden. So

---

[23] *Flatow* in: Dersch / Flatow / Hueck / Nipperdey, Bd. II, S. 157; *Mießner*, S. 47.

[24] *Flatow*, a.a.O., S. 157.

[25] *Schäfer / LK*, § 123 StGB Rdnr. 1; *Welzel*, S. 332.

[26] *Schäfer / LK*, § 123 StGB Rdnr. 40; *Hesselberger*, S. 30, 33; *Jauer*, S. 36 ff.

[27] Das gilt auch für die Untersuchung von *Schall*, der zwar a.a.O. S. 137 betont, der Besitz sei „Voraussetzung und Bedingung" des Hausrechts, für die Frage der „Hausrechtseinschränkung" jedoch auf die besitzrechtliche Regelung der §§ 854 ff. BGB nicht näher eingeht.

soll etwa bei Untermietverhältnissen[28] der Vermieter „einen Teil seines Hausrechts" behalten, um unzulässige Besuche zu unterbinden. Für den Aufenthalt im Hotelzimmer wird die Ansicht vertreten, das Hausrecht des Gastwirts sei „stärker als dasjenige des Gastes"[29]. Am weitesten reicht die Auffassung, neben dem Hausrecht des Mieters an seiner Mietwohnung könne nach dem Mietvertrag dem Vermieter die selbständige Befugnis verbleiben, gegen Belästigungen durch unzulässigen Besuch ein „Hausverbot" zu verhängen[30].

Ähnliche Unklarheiten zeigen sich in den Fällen, in denen mehrere Personen nebeneinander als Inhaber des Hausrechts in Betracht kommen, so etwa bei einer von mehreren Familienangehörigen gemeinsam benutzten Wohnung: Als Hausrechtsinhaber werden hier die Eheleute angesehen, während die übrigen Familienmitglieder und das Hauspersonal diese nur in der Ausübung des Hausrechts „vertreten"[31]. Der Sinn dieser Unterscheidung zwischen Hausrechtsinhaberschaft und Vertretung liegt offenbar darin, die Abwehrrechte der Bewohner verschieden stark zu gestalten. Da der Begriff „Vertretung" indessen nur im untechnischen Sinne gebraucht wird, bleibt die rechtliche Konstruktion der abgestuften Berechtigung und damit zugleich auch das Verhältnis der verschiedenen Berechtigungen zueinander ungeklärt.

Unsicherheiten lassen sich schließlich auch bei der Behandlung der Frage feststellen, inwieweit das Hausrecht des Berechtigten durch Zutritts- und Anwesenheitsrechte dritter Personen „eingeschränkt" wird. Während einerseits — insbesondere für die Rechtsverhältnisse an Mietwohnungen — betont wird, ein vertraglich vereinbartes Zugangsrecht des Vermieters gebe diesem kein Recht, den Zugang eigenmächtig zu erzwingen, vielmehr müsse hierzu der Zivilrechtsweg beschritten werden[32], soll in anderen Fällen das Recht auf Anwesenheit als stärkere, das Hausrecht verdrängende Befugnis angesehen werden, so daß ein Eindringen gegen den Willen des Hausrechtsinhabers keinen strafbaren Hausfriedensbruch darstelle. Eine derartige Beschränkung des Hausrechts soll nicht nur für hoheitliche Zwangsbefugnisse in Betracht kommen; auch das Recht, als Zuhörer an einer öffentlichen Gerichtsver-

---

[28] *Schönke / Schröder / Cramer,* § 123 StGB Rdnr. 12; *Dreher,* § 123 StGB Rdnr. 2; *Maurach,* S. 183; a. A. *Schall,* S. 139.

[29] *Dreher,* § 123 StGB Rdnr. 2; ähnlich *Schäfer / LK,* § 123 StGB Rdnr. 5, 43; a. A. *Schall,* S. 141.

[30] *Weimar,* JR 1970, S. 58; vgl. auch *Schäfer / LK,* § 123 StGB Rdnr. 42; *Dreher,* § 123 StGB Rdnr. 2; *Maurach,* S. 183; OLG Braunschweig, NJW 1966, S. 263. Kritisch *Rudolphi / SK,* § 123 StGB Rdnr. 15; *Schall,* S. 140.

[31] *Schönke / Schröder / Cramer,* § 123 StGB Rdnr. 14, 19; *Dreher,* § 123 StGB Rdnr. 17; *Schäfer / LK,* § 123 StGB Rndr. 49; *Maurach,* S. 183. *Welzel,* S. 333; ähnlich *Rudolphi / SK,* § 123 StGB Rdnr. 21.

[32] *Schäfer / LK,* § 123 StGB Rdnr. 41; *Schönke / Schröder / Cramer,* § 123 StGB Rdnr. 16, 20.

handlung teilnehmen zu dürfen (vgl. § 169 GVG)[33] oder als Pressevertreter Zugang zu einer öffentlichen Versammlung zu erhalten (vgl. § 6 Abs. 2VersG)[34], soll trotz entgegenstehenden Betretungsverbots des jeweiligen Hausrechtsinhabers durchgesetzt werden dürfen. Auch auf privatrechtlichen Normen oder Vereinbarungen beruhende Befugnisse sollen u. U. das Hausrecht in diesem Sinne einschränken können[35], andererseits rechtfertige nicht jeder berechtigte Zweck ein eigenmächtiges Eindringen bzw. Verweilen gegen den Willen des Hausrechtsinhabers[36]. Genauere Maßstäbe dafür, welche Ansprüche oder Rechte geeignet sind, das Hausrecht des Berechtigten einzuschränken, und welche demgegenüber nur gerichtlich geltend gemacht werden dürfen, lassen sich dem Schrifttum zu § 123 StGB indessen nicht entnehmen.

2. *Der Schutz des Hausrechts in Art. 13 GG*

Im betriebsverfassungsrechtlichen Schrifttum wird verschiedentlich zur Kennzeichnung des Hausrechts auf die Vorschrift des Art. 13 GG hingewiesen[37]. Die verfassungsrechtliche Literatur verwendet, soweit ersichtlich, selbst den Begriff des Hausrechts jedoch nicht, sondern spricht vom Grundrecht der Unverletzlichkeit der Wohnung[38].

Nach der Vorschrift des Art. 13 Abs. 1 GG ist die Wohnung unverletzlich; Eingriffe und Beschränkungen sind nach Art. 13 Abs. 2 und 3 GG nur unter engen Voraussetzungen zulässig.

Daraus ergibt sich indessen zunächst nur, daß staatlichen Eingriffen in das Grundrecht der Unverletzlichkeit der Wohnung — oder, wenn man so will, in das Hausrecht — enge Grenzen gesetzt sind. Auf welche Weise und in welchem Umfang dieses „Hausrecht" jedoch im Verhältnis zu anderen Privatpersonen geschützt wird, darüber enthält die Vorschrift des Art. 13 GG keine Aussage.

Allerdings beschränkt sich der Sinn der Grundrechte nicht darauf, den Bürger vor zu weitgehenden staatlichen Eingriffen in seine Rechtssphäre zu bewahren; vielmehr kommt den Grundrechten als objektive

---

[33] *Schäfer / LK*, § 123 StGB Rdnr. 29.

[34] *Schäfer / LK*, § 123 StGB Rdnr. 38; *Dreher*, § 123 StGB Rdnr. 11.

[35] *Schäfer / LK*, § 123 StGB Rdnr. 37; *Schönke / Schröder / Cramer*, § 123 StGB Rdnr. 20; *Dreher*, § 123 StGB Rdnr. 14; *Rudolphi / SK*, § 123 StGB Rdnr. 39, 40; *Preisendanz*, § 123 StGB Anm. 3 b; siehe aber auch *Frank*, § 123 StGB Anm. II 1; *v. Liszt / Schmidt*, S. 584.

[36] *Schönke / Schröder / Cramer*, § 123 StGB Rdnr. 16; *Dreher*, § 123 StGB Rdnr. 11.

[37] Siehe oben § 5 II bei FN 7.

[38] *Maunz / Dürig / Herzog*, Art. 13 GG Rdnr. 1; *v. Mangoldt / Klein*, Art. 13 GG Anm. II 1; *Hamann / Lenz*, Art. 13 GG Anm. A; *Schmidt-Bleibtreu/Klein*, Art. 13 GG Rdnr. 1; *v. Münch*, Art. 13 GG Rdnr. 1; *Kern*, S. 101; *Maunz*, S. 136; *Stein*, S. 230; *Hesse*, S. 155.

Wertordnung Bedeutung auch für das Verhältnis der Bürger untereinander zu[39]. Selbst wenn man aber — über die Auffassung der herrschenden verfassungsrechtlichen Lehre hinausgehend — eine unmittelbare Drittwirkung der Grundrechte anerkennen will[40], so ergibt sich damit zwar eine materielle Verbindlichkeit der Vorschrift des Art. 13 GG auch im Verhältnis der Bürger untereinander; auf welche Weise ein solches von jedermann zu beachtendes Grundrecht rechtlich durchzusetzen wäre, bliebe gleichwohl unbeantwortet. Erst recht könnte Art. 13 GG keine Antwort auf die Frage geben, in welchem Verhältnis verschiedene Anwesenheitsrechte stehen, die sich auf ein und denselben Raum beziehen[41].

Aus Art. 13 GG läßt sich somit allein entnehmen, daß das Recht des Wohnungsinhabers, über die Anwesenheit fremder Personen zu bestimmen, verfassungsrechtlichen Schutz genießt. Als Rechtsgrundlage des Hausrechts im Sinne eines gegen Dritte gerichteten Abwehranspruchs kommt die Norm des Art. 13 GG jedoch nicht in Betracht.

3. *Das Hausrecht des Versammlungsleiters nach § 7 Abs. 4 VersG*

Nach § 7 Abs. 4 VersG übt der Versammlungsleiter das Hausrecht im Versammlungsraum aus. Mit Hilfe dieser Befugnis soll er für einen ungestörten Ablauf der Versammlung sorgen können; insbesondere soll er nach überwiegender Ansicht aufgrund des Hausrechts eine nach § 11 Abs. 1 VersG von der Versammlung ausgeschlossene Person aus dem Versammlungsraum entfernen können. In seinem Inhalt entspricht das Hausrecht des Versammlungsleiters nach § 7 Abs. 4 VersG somit den im betriebsverfassungsrechtlichen Schrifttum ebenfalls als Hausrecht bezeichneten Befugnissen des Betriebsratsvorsitzenden bei der Leitung einer Betriebsversammlung. Darin dürfte der Grund dafür liegen, daß im betriebsverfassungsrechtlichen Schrifttum zur Verdeutlichung des Hausrechtsbegriffs teilweise auch auf die Vorschrift des § 7 Abs. 4 VersG hingewiesen wird.

Das versammlungsrechtliche Schrifttum sieht freilich in dem Hausrecht nach § 7 Abs. 4 VersG keine eigenständige versammlungsrechtliche Befugnis, die etwa mit der Aufgabe der Versammlungsleitung

[39] BVerfGE 7, S. 198; 34, S. 269; *Maunz / Dürig / Herzog*, Art. 1 GG Rdnr. 6, 131 ff.; *v. Mangoldt / Klein*, Vorbem. 4; *Schmidt-Bleibtreu / Klein*, Vorbem. 8 vor Art. 1 GG; *v. Münch*, Art. 1 GG Rdnr. 40; *Leibholz / Rinck*, Vorbem. 2 vor Art. 1 GG; *Maunz*, S. 109; *Stein*, S. 250; *Hesse*, S. 147.

[40] Vgl. BAG 1, S. 185 (193); 4, S. 240 (243); 13, S. 168 (174); *Nipperdey*, S. 18 ff. Zur Auseinandersetzung mit dieser Auffassung siehe *Maunz / Dürig / Herzog*, Art. 1 GG Rdnr. 128 ff. m. w. N.

[41] Zutreffend *Maunz / Dürig / Herzog*, Art. 13 GG Rdnr. 7; *v. Mangoldt / Klein*, Art. 13 GG Anm. 6.

notwendig verbunden wäre; vielmehr wird nach herrschender Lehre mit dem Begriff „Hausrecht" auf die zivilrechtlichen Rechtsverhältnisse am Versammlungsraum hingewiesen. Dem Versammlungsleiter steht das Hausrecht somit nicht „kraft Amtes", sondern nur unter der Voraussetzung zu, daß es ihm vom Verfügungsberechtigten „übertragen" worden ist[42]. Ist dies ausnahmsweise nicht der Fall, so soll das beim ursprünglich Berechtigten verbliebene Hausrecht allerdings gleichwohl nicht gegen das Teilnahmerecht geltend gemacht werden können; insofern bestehe eine gewisse Drittwirkung des Versammlungsrechts[43].

Einzelfragen zum Hausrecht am Versammlungsraum werden im Schrifttum indessen nicht erörtert. Auch soweit zur Umschreibung des Hausrechts ausdrücklich auf den Begriff des unmittelbaren Besitzes zurückgegriffen wird[44], hat dieser Hinweis nur beiläufigen Charakter. Die Frage, unter welchen Voraussetzungen eine Übertragung des Hausrechts vorliege, bzw. ausnahmsweise nicht vorliege, wird nicht untersucht; eine dogmatische Verbindung zwischen dem in Bezug genommenen Begriff des unmittelbaren Besitzes und der These von der Einschränkung des Hausrechts durch das Teilnahmerecht fehlt ebenso wie eine Begründung für die angebliche „Drittwirkung" des Versammlungsrechts gegenüber dem ausnahmsweise einmal nicht auf den Versammlungsleiter übergegangenen Hausrecht des Verfügungsberechtigten.

4. Das Hausrecht am Parlamentsgebäude, an Gerichten und an sonstigen „öffentlichen Gebäuden"

Ein breites Anwendungsgeld findet der Begriff des Hausrechts schließlich hinsichtlich der Rechtsverhältnisse an „öffentlichen Gebäuden" im weiteren Sinn. So finden sich etwa im verfassungsrechtlichen Schrifttum zu Art. 40 GG Ausführungen über das Hausrecht am Parlamentsgebäude; in der Literatur zu § 176 GVG werden Fragen des Hausrechts am Gerichtsgebäude erörtert. Schließlich wird ganz allgemein im öffentlich-rechtlichen Schrifttum die Frage nach dem Rechtscharakter des Hausrechts an öffentlichen Gebäuden untersucht.

a) Das parlamentarische Hausrecht nach Art. 40 Abs. 2 GG

Gemäß Art. 40 Abs. 2 GG übt der Präsident des Bundestages das Hausrecht und die Polizeigewalt im Parlamentsgebäude aus[45]. Nach

---

[42] *Dietel / Gintzel*, § 7 VersG Rdnr. 13; *Potrykus*, § 7 VersG Anm. 4; *Füßlein*, § 7 VersG Anm. 7; *Ott*, § 7 VersG Rdnr. 6.

[43] *Dietel / Gintzel*, § 7 VersG Rdnr. 14, § 11 VersG Rdnr. 3.

[44] *Dietel / Gintzel*, § 7 VersG Rdnr. 12.

[45] Vgl. auch § 7 Abs. 2 S. 1 GeschOBT und die entsprechenden Regelungen

ganz überwiegender Auffassung soll es sich bei diesem Hausrecht um die Rechte aus dem bundesfiskalischen Eigentum am Parlamentsgebäude handeln[46]. Die Herleitung des Hausrechts aus dem Eigentum am Parlamentsgebäude führt indessen zu Schwierigkeiten, wenn der Bundestag ausnahmsweise nicht im eigenen Parlamentsgebäude, sondern in anderen Räumen tagt, die nicht im Eigentum des Bundesfiskus stehen. Hier wird angenommen, dem Parlamentspräsidenten stehe in den fremden Räumlichkeiten ein „Hausrecht kraft Amtes" zu[47].

b) Das Hausrecht an Gerichtsgebäuden

Während beim Hausrecht am Parlamentsgebäude die Frage nach dem Inhalt dieser Befugnis und der Abgrenzung von anderen Behelfen (Polizeigewalt, Sitzungspolizei) keine praktische Bedeutung entfaltet, weil jedenfalls sämtliche Ordnungsmittel in der Hand des Parlamentspräsidenten vereint sind, werden diese Fragen für das Hausrecht am Gerichtsgebäude durchaus zu einem praktischen Problem: Während das Hausrecht am Gerichtsgebäude vom Gerichtspräsidenten ausgeübt wird, steht die Handhabung der Sitzungspolizei dem einzelnen Vorsitzenden bzw. dem Gericht zu (vgl. §§ 176, 177 GVG).

Einigkeit besteht zunächst darin, daß die genannten Befugnisse auf verschiedenen Rechtsgrundlagen beruhen[48]. Während die Handhabung der Sitzungspolizei nach herrschender Meinung eine spezifisch richterliche Tätigkeit darstellt, wird die Ausübung des Hausrechts der Justizverwaltung zugerechnet[49]. Schwierigkeiten ergeben sich aber dabei, den Anwendungsbereich des Hausrechts von demjenigen der Sitzungspolizei so zu trennen, daß Überschneidungen und damit Konflikte vermieden werden. Theoretisch könnte sonst der Gerichtspräsident aufgrund seines Hausrechts in eine Sitzung eingreifen und selbständig einen Störer aus dem Gerichtssaal weisen.

Die herrschende Meinung will solche Überschneidungen vermeiden, indem sie einen Vorrang der Sitzungspolizei vor dem Hausrecht annimmt: Während einer Sitzung soll allein der Vorsitzende bzw. das Ge-

---

in § 6 Abs. 3 GeschOBR, Art. 39 Abs. 2 S. 3 VerfNW, § 28 Abs. 1 KreisONW, § 36 Abs. 1 GONW.

[46] *Maunz / Dürig / Herzog*, Art. 40 GG Rdnr. 24; *v. Mangoldt / Klein*, Art. 40 GG Anm. V 1 a; *Schmidt-Bleibtreu / Klein*, Art. 40 GG Anm. 7; *Maunz*, S. 345. A. A. *Frühling*, S. 154; *Schmitt*, S. 28, 104; *Knoke*, AöR 94, S. 388 (406); *Knemeyer*, DÖV 1970, S. 596 (598), die die Theorie eines öffentlich-rechtlichen Hausrechts am Parlamentsgebäude vertreten.

[47] *Maunz / Dürig / Herzog*, Art. 40 GG Rdnr. 27; kritisch hierzu *Schmitt*, S. 28; *Knoke*, AöR 94, S. 388 (406).

[48] *Kern / Wolf*, S. 171; *Löwe / Rosenberg*, § 176 GVG Anm. 1; *Zöller*, § 176 GVG Anm. 1; *Leinius*, NJW 1973, S. 448.

[49] *Kern / Wolf*, S. 171; *Löwe / Rosenberg*, § 176 GVG Anm. 1; *Schmitt*, S. 107.

richt entscheiden können, welche Ordnungsmaßnahmen verhängt werden sollen[50]. Das Hausrecht des Gerichtspräsidenten wird nach dieser Auffassung durch die Vorschriften des GVG über die Sitzungspolizei eingeschränkt[51]. Erst wenn ein Zuhörer aufgrund sitzungspolizeilicher Maßnahmen aus dem Gerichtssaal entfernt worden ist, kann der Präsident den Störer aufgrund seines Hausrechts aus dem Gerichtsgebäude weisen.

In einem gewissen Gegensatz zu dieser Auffassung steht die Ansicht, der Gerichtsvorsitzende könne sich vom Gerichtspräsidenten das Hausrecht am Sitzungssaal übertragen lassen[52]. Dabei geht es allerdings nicht darum, einen Konflikt zwischen Gerichtspräsident und Gericht zu vermeiden. Bedeutung erlangen soll die Übertragung des Hausrechts vielmehr für den Sonderfall, daß sich eine vom Gericht verhängte sitzungspolizeiliche Maßnahme als rechtswidrig erweist: Die Anordnung, den Sitzungssaal zu verlassen, soll für diesen Fall unter Rückgriff auf das übertragene Hausrecht Verbindlichkeit erlangen, so daß sich der zu Unrecht Hinausgewiesene seiner zwangsweisen Entfernung nicht widersetzen dürfe[53].

Wie sich die Einschränkung bzw. die Übertragung des Hausrechts vollziehen soll, wird freilich nicht näher erörtert. Für eine an sich naheliegende Parallele zur Übertragung des Hausrechts am Betriebsversammlungsraum bieten sich daher keine Ansatzpunkte, wie überhaupt rechtlich präzise Aussagen über das Hausrecht im hier angeführten Schrifttum fehlen.

c) Das „öffentlich-rechtliche Hausrecht"

Der Vollständigkeit halber ist schließlich das „öffentlich-rechtliche Hausrecht" zu erwähnen, das nach einer zunehmend vertretenen Ansicht die Rechtsverhältnisse an Räumen erfassen soll, die öffentlichen Zwecken gewidmet sind[54]. Bei dieser Theorie geht es im wesentlichen um die grundsätzliche Frage nach privatrechtlicher oder öffentlich-

---

[50] *Kern / Wolf*, S. 171; BGH NJW 1972, S. 1144 = JZ 1972, S. 663 mit Anm. *Stürner*; *Beyer*, DRiZ 1972, S. 284 (FN 14); *Willms*, JZ 1972, S. 653.

[51] *Kern / Wolf*, S. 171; BGH NJW 1972, S. 1144; *Stürner*, JZ 1972, S. 665; *Beyer*, DRiZ 1972, S. 284; *Bendix*, JW 1925, S. 901.

[52] *Willms*, JZ 1972, S. 653; mit Einschränkungen auch *Löwe / Rosenberg*, § 176 GVG Anm. 3 b.

[53] *Willms*, JZ 1972, S. 653; kritisch hierzu *Stürner*, JZ 1972, S. 665 FN 5, der m. E. zu Recht darauf hinweist, daß sitzungspolizeiliche Maßnahmen als Hoheitsakte trotz ihrer Rechtswidrigkeit verbindlich sein dürften, so daß es unter diesem Gesichtspunkt einer Übertragung des Hausrechts nicht bedarf.

[54] Vgl. hierzu *Wolff / Bachof*, II, S. 383/384; *Knemeyer*, DÖV 1970, S. 596 ff.; *ders.*, DÖV 1971, S. 303 ff.; *Knoke*, AöR 94, S. 388 ff.; aus der Rechtsprechung siehe BVerwGE 35, S. 103 ff.; OVG Münster, DVBl. 1963, S. 450; BayVGH, BayVbl. 1964, S. 24.

rechtlicher Natur des Hausrechts, also um das Problem, ob das Hausrecht an Räumen, deren Benutzung sich nach öffentlichem Recht beurteilt, auch selbst dem öffentlichen Recht unterfällt. Das ist zum einen für Rechtswegfragen von Bedeutung, wenn z. B. die Verwaltung einem Bürger ein „Hausverbot" erteilt.

Daneben hat die öffentlich-rechtliche Einordnung des Hausrechts aber auch Einfluß auf die Frage nach dem rechtlichen Verhältnis des Hausrechts zu den Betretungs- oder Benutzungsrechten des Bürgers. Faßt man nämlich eine auf das öffentlich-rechtliche Hausrecht gestützte Anordnung als Verwaltungsakt auf[55], so kommt nach allgemeinen Grundsätzen auch einer zu Unrecht ergangenen und deshalb rechtswidrigen Maßnahme Verbindlichkeit zu[56]. Die für die Problematik der Betriebsversammlung und auch sonst so umstrittene Frage der Einschränkung des Hausrechts durch Zugangs- oder Anwesenheitsrechte dritter Personen verliert damit jedenfalls insoweit ihre Bedeutung, als auch eine rechtswidrig ergangene Maßnahme zwangsweise durchgesetzt werden darf; weiter bedeutet ein Verstoß gegen die getroffene Anordnung einen strafbaren Hausfriedensbruch, ohne daß es auf die Rechtmäßigkeit der Hausrechtsmaßnahme im Verhältnis zu dem Recht des Bürgers auf Zutritt oder Verweilen ankommt[57].

IV. Methodische Kritik am Hausrechtsbegriff

Sowohl die eingangs angeführten Aussagen des betriebsverfassungsrechtlichen Schrifttums zum Hausrecht am Betriebsversammlungsraum als auch der zuletzt gegebene Überblick über die Bedeutung des Hausrechts in anderen Rechtsgebieten machen folgendes deutlich: Unter dem Begriff „Hausrecht" wird allgemein die Befugnis verstanden, über die Anwesenheit anderer Personen in einem Raum bestimmen zu dürfen. Abgesehen von dieser übereinstimmenden Umschreibung fehlt es aber durchgängig an einer rechtlich klaren und überzeugende Grundlegung des Hausrechtsbegriffs. Auf welche konkrete Rechtsnorm sich der Inhaber des Hausrechts jeweils stützen kann, wenn er von seiner Befugnis Gebrauch machen will, bleibt letztlich ebenso unklar wie die Frage nach dem Verhältnis der Hausrechtsbefugnis zu den Rechten solcher Personen, die zur Anwesenheit in dem betreffenden Raum berechtigt sind.

---

[55] OVG Münster, DVBl. 1963, S. 459; *Wolff / Bachof*, II, S. 385; *Knemeyer*, DÖV 1970, S. 596 (599); anders *Krause*, S. 279, 286, nach dessen Auffassung der Gebrauch des Hausrechts ein „schlichtes Gebot" darstellen soll; da nach dieser Auffassung nur rechtmäßige Gebote verbindlich sind, müßten hier die Abgrenzungsprobleme zwischen Hausrecht und Benutzungsrecht wieder praktische Bedeutung gewinnen.

[56] Vgl. *Wolff / Bachof*, I, S. 413 (436).

[57] *Schäfer / LK*, § 123 StGB Rdnr. 36.

Das gilt in gleicher Weise für das Hausrecht am Betriebsversammlungsraum wie auch für die Hausrechtsterminologie außerhalb der betriebsverfassungsrechtlichen Problematik. Die Konsequenzen dieser unklaren Begriffsbildung zeigen sich etwa bei der Konstruktion einer „Einschränkung" des Hausrechts nach § 123 StGB durch ein „stärkeres Recht" zum Eindringen oder Verweilen: Im Gegensatz zur zivilrechtlichen Auffassung, die für die entsprechende Problematik der Besitzstörung (§ 858 Abs. 1 BGB) streng zwischen klageweise zu verwirklichenden Ansprüchen und Rechten einerseits und eigenmächtig durchsetzbaren Befugnissen andererseits unterscheidet[58], greift die strafrechtliche Dogmatik auf den Begriff der „Hausrechtseinschränkung" zurück; die genannte Unterscheidung wird damit verwischt, die damit verbundene Problematik verdeckt. Unklarheiten ergeben sich desgleichen bei der Konstruktion eines „Hausrechts kraft Amtes" bei Parlamentssitzungen außerhalb des Parlamentsgebäudes oder der „Übertragung" des Hausrechts bei Gerichtsverhandlungen. Einzelfragen zum Verhältnis von Hausrecht, sonstigen Ordnungsbefugnissen und Zugangs- und Anwesenheitsrechten dritter Personen bleiben solange unklar, wie mit dem Begriff des Hausrechts ohne Bezug auf konkrete Rechtsnormen argumentiert wird.

Die Kritik, die sich hiergegen richtet, betrifft hier nicht die im Einzelfall mit Hilfe des Hausrechtsbegriffs erzielten Ergebnisse. Bedenken erweckt vielmehr vor allem der Umstand, daß zur Lösung einer bestimmten rechtlichen Problematik auf einen in seinen Konturen vollkommen unscharfen Begriff zurückgegriffen wird. Statt zu fragen, aus welchen Rechtsvorschriften sich eine dem Hausrecht entsprechende Abwehrbefugnis gegen Dritte ergibt und auf dieser Grundlage nach einer Lösung der jeweiligen Problematik zu suchen, werden rechtliche Überlegungen und Konstruktionen unmittelbar an einen Begriff des allgemeinen Sprachgebrauchs geknüpft. Dieser unterscheidet jedoch weder zwischen verfassungsrechtlichem, strafrechtlichem oder zivilrechtlichem Güterschutz, noch trennt er zwischen dem geschützten Rechtsgut und den hierzu dienenden Abwehransprüchen.

Jede Rechtsanwendung setzt jedoch voraus, daß zuvor der anzuwendende Begriff im Wege der Auslegung auf seinen Inhalt und seine Funktion hin untersucht wird. Eine solche Sinnermittlung ist zwar auch bei Begriffen des allgemeinen Sprachgebrauchs nicht ausgeschlossen; sie beschränkt sich indessen darauf, den Wortsinn möglichst klar zu bestimmen. Demgegenüber dient die Auslegung eines Rechtsbegriffs einem weiteren Ziel: Mit ihrer Hilfe soll ermittelt werden, welche Funktion ein Begriff im Hinblick auf einen bestimmten übergeordneten

---

[58] Siehe im einzelnen noch unten § 9 III.

Regelungszweck hat. Das wiederum setzt voraus, daß der Sinnzusammenhang der jeweiligen Regelung erfaßt und deren maßgebliche Prinzipien und Wertentscheidungen offengelegt werden.

Für eine solche, an den Wertenscheidungen des Gesetzes orientierte Rechtsanwendung bietet der dem allgemeinen Sprachgebrauch entnommene Begriff des Hausrechts keinen Ansatzpunkt. Zwar lassen auch die vom betriebsverfassungsrechtlichen Schrifttum vertretenen Konstruktionen von „Übergang" und „Heimfall" des Hausrechts, von „Hausrechtssubstanz" und „Ausübungsbefugnis" und von „unmittelbarer" oder „mittelbarer Hausrechts-Einschränkung" eine bestimmte Interessenbewertung erkennen; diese mag sogar durchaus mehr oder minder plausibel scheinen. Die zu beantwortende Frage lautet jedoch, welche Wertungen in den konkreten Rechtsvorschriften, die juristisch ungenau mit dem Begriff „Hausrecht" umschrieben werden, zum Ausdruck kommen. Solange rechtliche Interpretation und Herleitung bestimmter Rechtsfolgen an einem weitgehend unklaren Begriff des allgemeinen Sprachgebrauchs ansetzen, besteht die Gefahr, daß die in den einschlägigen Rechtsnormen zum Ausdruck kommenden Wertentscheidungen unberücksichtigt bleiben. Eine wesentliche Aufgabe der vorliegenden Arbeit besteht somit darin, anhand der einschlägigen Rechtsvorschriften Wertungsgesichtspunkte aufzuzeigen, die als Maßstab für eine angemessene Konfliktlösung dienen können.

Drittes Kapitel

Eigener Lösungsansatz

§ 6 Der Besitz als Grundlage des Hausrechts

I. Fragestellung

Ausgangspunkt für die Suche nach einer rechtlich angemessenen Lösung muß — wie oben begründet — die Frage sein, nach welchen konkreten Rechtsvorschriften sich die Rechtsverhältnisse am Versammlungsraum beurteilen.

Mit der Befugnis, „in Haus und Hof zu schalten und zu walten", soll der Inhaber des Hausrechts in die Lage versetzt werden, Störungen des „Hausfriedens" abzuwehren, insbesondere unbefugten Personen Zutritt und Anwesenheit in den geschützten Räumen zu verwehren. Für eine solche gegen Dritte gerichtete Abwehrbefugnis findet sich, wie bereits oben gezeigt wurde, zwar keine eigenständige Rechtsgrundlage, die speziell den Schutz von Haus und Hof betrifft; das BGB regelt indessen in den Vorschriften über Eigentum und Besitz ganz allgemein die Frage, wer in welcher Weise mit einer Sache verfahren darf und welche Abwehrrechte gegen Störungen und Eingriffe bestehen. Auch der Betrieb und speziell der Betriebsversammlungsraum unterliegen diesen Regeln, so daß sich zunächst die Frage nach den eigentums- und besitzrechtlichen Rechtsverhältnissen am Betriebsversammlungsraum und den hieraus sich ergebenden Befugnissen von Arbeitgeber und Betriebsrat stellt.

Damit liegt jedenfalls ein rechtlich faßbarer Maßstab zur Überprüfung der vom betriebsverfassungsrechtlichen Schrifttum verwendeten Hausrechtsterminologie vor; die folgende Untersuchung muß zeigen, ob neben der gesetzlichen Regelung von Eigentum und Besitz für ein hiervon zu unterscheidendes Hausrecht ein Bedürfnis besteht bzw. überhaupt Raum ist.

Zu diesem Ziel genügt freilich nicht ein — vereinzelt auch im betriebsverfassungsrechtlichen Schrifttum anzutreffender — beiläufiger Hinweis auf die Regelung von Eigentum und Besitz. Eine ernsthafte Auseinandersetzung mit dem Hausrechtsbegriff und den damit verknüpften Konstruktionen verlangt ein näheres Eingehen auf die im einzelnen einschlägigen Rechtsnormen.

II. Die gesetzliche Regelung

Nach § 903 BGB kann der Eigentümer einer Sache, soweit nicht das Gesetz oder Rechte Dritter entgegenstehen, mit der Sache nach Belieben verfahren und andere von jeder Einwirkung ausschließen. Diese Befugnisse des Eigentümers werden in § 985 BGB hinsichtlich der Herausgabe der Sache und in § 1004 Abs. 1 BGB hinsichtlich der Abwehr sonstiger Beeinträchtigungen näher geregelt. In diesem Zusammenhang werden auch die Grenzen der Eigentumsrechte bestimmt: Der Herausgabeanspruch des Eigentümers ist nach § 986 BGB ausgeschlossen durch ein „Recht zum Besitz"; der Störungsabwehr- und Beseitigungsanspruch steht unter dem Vorbehalt, daß nicht der Eigentümer zur Duldung verpflichtet ist (§ 1004 Abs. 2 BGB). Der Besitzer einer Sache hat nach § 861 Abs. 1 BGB bei einer Besitzentziehung einen Anspruch auf Wiedereinräumung des Besitzes; bei einer Besitzstörung durch verbotene Eigenmacht kann er nach § 862 Abs. 1 BGB von dem Störer die Beseitigung der Störung verlangen. Schließlich steht dem Besitzer nach § 859 BGB unter den Voraussetzungen des § 858 BGB (verbotene Eigenmacht) ein Selbsthilferecht zu, mit dessen Hilfe er den Besitz eigenmächtig, d. h. auch mit Gewalt, verteidigen kann.

Dem Eigentümer, der zugleich auch den (unmittelbaren) Besitz an der Sache ausübt, stehen die genannten Rechte aus Eigentum und Besitz nebeneinander zu. Hat der Eigentümer hingegen den unmittelbaren Besitz auf einen Dritten übertragen, so verbleiben ihm von den Besitzrechten nur die Befugnisse des mittelbaren Besitzers nach § 869 BGB; auch seine Rechte aus dem Eigentum sind nach §§ 986, 1004 Abs. 2 BGB eingeschränkt. Im Konflikt zwischen Eigentümer und Besitzer hat damit der Besitzer — jedenfalls zunächst — die stärkere Position: Er kann seinen Besitz auch gegenüber dem Eigentümer mit Gewalt verteidigen; der Eigentümer hingegen ist grundsätzlich darauf angewiesen, sein Recht gerichtlich durchzusetzen. Auch wenn der Eigentümer durchaus zu Recht die Herausgabe der Sache verlangt, bleibt der Besitzer zur Verteidigung befugt. Der Besitzschutz versagt erst gegenüber dem Gerichtsvollzieher, der zur zwangsweisen Durchsetzung des titulierten Herausgabeanspruchs des Eigentümers berufen ist; allein dieser handelt, wenn er dem Besitzer die Sache wegnimmt, nicht in verbotener Eigenmacht, da ihm das Gesetz die Besitzentziehung gestattet (vgl. § 858 Abs. 1 BGB).

III. Der Unterschied zwischen besitzrechtlicher Regelung und Hausrechtstheorie

Damit stellt sich die Frage nach dem Unterschied zwischen der gesetzlichen Regelung von Eigentum und Besitz und der betriebsverfassungsrechtlichen Auffassung vom Hausrecht am Betriebsversammlungsraum.

Nach herrschender betriebsverfassungsrechtlicher Lehre soll das zunächst an den Betriebsratsvorsitzenden übergegangene Hausrecht am Versammlungsraum an den Arbeitgeber zurückfallen, wenn die Betriebsversammlung einen ungesetzlichen Verlauf nimmt. Dem Betriebsratsvorsitzenden soll also die Gewalt über den Versammlungsraum nur insoweit und solange zustehen, wie sich die Betriebsversammlung im gesetzlichen Rahmen bewegt. Wer das Hausrecht während der Betriebsversammlung ausübt, steht nach herrschender betriebsverfassungsrechtlicher Lehre also nicht endgültig fest, sondern hängt vom jeweiligen Verlauf der Betriebsversammlung ab. Demgegenüber knüpft die entsprechende Regelung des BGB an den Besitz als tatsächliches Verhältnis an; Fragen der Rechtmäßigkeit sind danach — jedenfalls zunächst — ohne Belang: Wer den Besitz am Versammlungsraum hat, kann die damit verbundenen Rechte auch dann noch ausüben, wenn die Grenzen der betriebsverfassungsrechtlichen Befugnisse überschritten sind.

Damit zeigt sich ein deutlicher Gegensatz zwischen dem mit Rechtmäßigkeitsfragen verbundenen Begriff des Hausrechts und dem an tatsächliche Umstände geknüpften Besitz. Die herrschende betriebsverfassungsrechtliche Lehre schenkt — wie schon ausgeführt — den Beziehungen zwischen Hausrecht und Besitz freilich keine nähere Beachtung, so daß der hier angesprochene Unterschied unberücksichtigt bleibt.

1. Röhslers These von der bedingten Besitzübertragung

Wohl als einziger Autor versucht Röhsler[1], die Eigenheiten des Hausrechts mit den besitzrechtlichen Grundsätzen in Einklang zu bringen. Seiner Auffassung nach erlangt der Betriebsratsvorsitzende bei Durchführung der Betriebsversammlung den unmittelbaren Besitz an den zur Verfügung gestellten Räumen; dementsprechend stehen dem Arbeitgeber als mittelbarem Besitzer Abwehrbefugnisse gegenüber dem Betriebsratsvorsitzenden grundsätzlich nicht zu.

Die Bereitstellung von Räumlichkeiten durch den Arbeitgeber steht jedoch nach Röhslers Ansicht unter der „Rechtsbedingungen (vgl. § 158 Abs. 2 BGB)“, daß diese Räume ausschließlich zur Erfüllung der Betriebsratsaufgaben benutzt werden. Wird der Aufgabenbereich der Be-

[1] *Röhsler*, AR-Blattei, DI 4.

triebsversammlung überschritten, so entfällt damit die genannte Rechtsbedingung und mit ihr auch das Hausrecht des Betriebsrats. Die Übertragung des unmittelbaren Besitzes auf den Betriebsratsvorsitzenden ist also durch die Rechtswidrigkeit der Betriebsversammlung auflösend bedingt. Überschreitet die Betriebsversammlung ihre rechtlichen Kompetenzen, so tritt die auflösende Bedingung ein und der unmittelbare Besitz am Versammlungsraum fällt an den Arbeitgeber zurück.

Diese Konstruktion einer auflösend bedingten Besitzübertragung unterliegt indessen schon aus dogmatischer Sicht erheblichen Bedenken:

Abgesehen davon, daß die Verwendung des Begriffs „Rechtsbedingung" im vorliegenden Zusammenhang als unzutreffend erscheint[2], läßt sich auch durch Einschaltung einer Bedingung der tatsächliche Charakter des Besitzes nicht abändern. Zwar ist eine Besitzübertragung nach § 854 Abs. 2 BGB auch durch Rechtsgeschäft möglich, so daß nach herrschender Lehre auch die Beifügung einer Bedingung zulässig ist[3]. Der Eintritt einer auflösenden Bedingungen entfaltet indessen — ebenso wie etwa eine Anfechtung der rechtsgeschäftlichen Besitzübertragung — nur noch Bedeutung, wenn nicht inzwischen der Erwerber die tatsächliche Gewalt über die Sache nach § 854 Abs. 1 BGB erlangt hat[4]. Die Möglichkeit, den Besitz nach § 854 Abs. 2 BGB rechtsgeschäftlich zu übertragen, dient allein dem Ziel einer technischen Vereinfachung, indem hier auf eine „Übergabe" verzichtet wird[5]. Diese Ausnahme vermag aber nichts daran zu ändern, daß das Gesetz den Besitz im Grundsatz als tatsächliches Verhältnis versteht. An diesen Grundsatz knüpfen sich, worauf im folgenden noch einzugehen sein wird, weitreichende Konsequenzen; diesen könnte beliebig ausgewichen werden, wenn der Besitz wahlweise rechtsgeschäftlichen Regeln unterstellt werden könnte[6].

---

[2] Unter einer Rechtsbedingung wird die Abhängigkeit eines Rechtsgeschäfts von einem gesetzlichen Erfordernis verstanden (z. B. Einholung einer gesetzlich vorgeschriebenen Genehmigung), vgl. *Palandt / Heinrichs*, Einführung vor § 158 BGB Anm. 2. Die Rechtmäßigkeit der Betriebsversammlung ist jedoch keine derartige Wirksamkeitsvoraussetzung für die Übertragung des Besitzes am Versammlungsraum. Im übrigen finden auf Rechtsbedingungen die §§ 158 ff. BGB gerade keine Anwendung, vgl. *Palandt / Heinrichs*, Einführung vor § 158 BGB Anm. 2.

[3] *Palandt / Bassenge*, § 854 BGB Anm. 4 b.

[4] *Westermann*, S.71; *Heck*, S. 40; *v. Gierke*, S. 19; *Eichler*, S. 151 FN 280; *Planck / Brodmann*, § 854 BGB Anm. 3.

[5] *Baur*, S. 52.

[6] Beispiel: Anfechtung der rechtsgeschäftlichen Besitzübertragung nach § 854 Abs. 2 BGB. *Baur*, S. 52 will hier das Anfechtungsrecht im Hinblick auf den Gutglaubensschutz der §§ 932 ff. BGB einschränken; richtiger erscheint der von der überwiegenden Ansicht vertretene Gesichtspunkt, daß die Anfechtung der Einigung nicht mehr hilft, wenn der Erwerber inzwischen die tatsächliche Gewalt nach § 854 Abs. 1 BGB erlangt hat.

Mit der Konstruktion einer bedingten Besitzübertragung kann also das Ziel, den Besitz entgegen der gesetzlichen Intention Rechtmäßigkeitsregeln zu unterwerfen, nicht erreicht werden. Aus diesem Grund ist Röhslers Ansicht nicht dazu geeignet, den Gegensatz zwischen der betriebsverfassungsrechtlichen Auffassung vom Hausrecht und der besitzrechtlichen Regelung des BGB zu überwinden.

2. Fabricius Kritik an der zivilrechtlichen Herleitung des Hausrechtsbegriffs

Auf den genannten Unterschied zwischen dem von der herrschenden Lehre vertretenen Hausrechtsbegriff und der sachenrechtlichen Regelung des BGB geht im Schrifttum nur Fabricius[7] näher ein. Seiner Ansicht nach schließt ein aus der sachenrechtlichen Rechtslage am Betriebsversammlungsraum abgeleitetes Hausrecht des Betriebsratsvorsitzenden die Gefahr nicht aus, daß der Arbeitgeber aufgrund der ihm verbleibenden Befugnisse in den Ablauf der Betriebsversammlung eingreife; dies gelte unabhängig davon, wie man im einzelnen die Besitzrechtslage am Versammlungsraum bestimme, ob etwa der Betriebsratsvorsitzende als Besitzer oder als Besitzdiener hinsichtlich des Versammlungsraums anzusehen sei. Hieraus ergebe sich, daß das „individualrechtliche Instrumentarium" des BGB den „sozialrechtlichen Besonderheiten" der Betriebsversammlung nicht genügen könne, weshalb das Hausrecht des Betriebsratsvorsitzenden als Leiter der Betriebsversammlung als eine eigenständige, spezifisch betriebsverfassungsrechtliche Befugnis verstanden werden müsse[8].

Damit werden indessen die Unklarheiten und Unsicherheiten, die mit dem Hausrechtsbegriff der herrschenden Lehre verbunden sind, zu Unrecht der sachenrechtlichen Regelung des BGB angelastet. Die Befürchtung, ein zivilrechtlich verstandenes Hausrecht des Betriebsratsvorsitzenden müsse die Unabhängigkeit der Betriebsversammlung beeinträchtigen, kennzeichnet zwar zutreffend die Problematik der herrschenden Auffassung: Diese will das Hausrecht am Versammlungsraum bei mehr oder minder erheblichen Verstößen gegen das Betriebsverfassungsgesetz an den Arbeitgeber zurückfallen lassen. Der von Fabricius kritisierte Hausrechtsbegriff der herrschenden Lehre knüpft indessen gerade nicht an die einschlägigen Vorschriften des BGB an; die erzielten Ergebnisse werden vielmehr, wie schon ausgeführt, ganz überwiegend ohne Bezug zu den zivilrechtlichen Normen begründet. Insofern zielt die Kritik, das „individualrechtliche Instrumentarium des BGB" sei der „sozialrechtlichen Problematik" der Betriebsversammlung

---

[7] *Fabricius / GK*, § 42 BetrVG Rdnr. 49 ff.

[8] *Fabricius / GK*, § 42 BetrVG Rdnr. 51.

nicht gewachsen, an den eigentlichen Ursachen der Hausrechtsproblematik vorbei; diese werden durch die Begriffsschöpfung eines „eigenständigen, spezifisch betriebsverfassungsrechtlichen Hausrechts" nicht beseitigt, sondern nur verdeckt.

IV. Der Rechtsfriedensgedanke als Kennzeichen der besitzrechtlichen Regelung

Sowohl der Hausrechtsbegriff der herrschenden Lehre als auch die von Fabricius vertretene Theorie eines spezifisch betriebsverfassungsrechtlichen Hausrechts dienen augenscheinlich dem Ziel, die Rechtsverhältnisse am Betriebsversammlungsraum nach eigenständigen, von den Regeln des BGB abweichenden Maßstäben zu bestimmen; die dort getroffene Regelung scheint den Erfordernissen einer interessengerechten Kompetenzverteilung zwischen Arbeitgeber und Betriebsratsvorsitzendem in der Betriebsversammlung offenbar nicht zu entsprechen. Im Unterschied zu der herrschenden betriebsverfassungsrechtlichen Auffassung, die das Hausrecht am Betriebsversammlungsraum je nach rechtmäßigem oder rechtswidrigem Verlauf der Betriebsversammlung mal dem Betriebsratsvorsitzenden, mal dem Arbeitgeber zuweisen will, ist die Regelung des BGB von derartigen Rechtmäßigkeitsfragen unabhängig. Für den Besitz als tatsächliches Verhältnis ist die Frage, ob sich die an der Betriebsversammlung Beteiligten im Rahmen ihrer durch das Betriebsverfassungsgesetz bestimmten Rechte und Pflichten halten, ohne Bedeutung.

Der gesetzgeberische Grund für diese Regelung liegt nach herrschender zivilrechtlicher Auffassung in dem Gedanken der Wahrung des Rechtsfriedens[9]: Die Abwehransprüche des Besitzers nach §§ 861, 862 BGB und vor allem das Gewaltrecht nach § 859 BGB sollen an einen formalen Tatbestand anknüpfen. Auseinandersetzungen um die häufig schwierige Abgrenzung der gegenseitigen Rechte und Pflichten sollen nicht mit Mitteln der Selbsthilfe, sondern in einem gerichtlichen Verfahren ausgetragen werden.

Die herrschende betriebsverfassungsrechtliche Lehre läßt diesen grundlegenden Rechtsfriedensgedanken außer acht. Trotz der zum Teil schwierigen Abgrenzungsfragen, die sich etwa im Hinblick auf den Teilnehmerkreis und die Thematik der Betriebsversammlung oder die Abwehr von Störungen des Versammlungsablaufs ergeben, soll das Hausrecht je nach Verlauf der Betriebsversammlung auf den Betriebsratsvorsitzenden „übergehen" und wieder „zurückfallen" oder „er-

---

[9] *Westermann*, S. 53, 54; *Wolff / Raiser*, S. 52; *v. Gierke*, S. 22; *Staudinger / Seufert* vor § 854 BGB Rdnr. 3; *Soergel / Mühl* vor § 854 BGB Rdnr. 13; a. A. *Baur*, S. 70; *Heck*, S. 12 ff.; siehe hierzu noch unten § 7 V 1.

löschen". Unter diesen Umständen werden sich nicht selten Zweifel daran ergeben, wem im Einzelfall gerade das Hausrecht am Versammlungsraum zusteht. Eine solche Unsicherheit ist indessen mit der Ordnungsaufgabe des Hausrechts in der Betriebsversammlung unvereinbar; gerade in kritischen Situationen muß für die Versammlungsteilnehmer feststehen, wessen Anweisungen sie zu befolgen haben.

Entgegen der von Fabricius vertretenen Ansicht beschränken sich somit Aufgabe und Anwendungsbereich der besitzrechtlichen Regelung des BGB keineswegs auf individualrechtliche Konflikte. Der Rechtsfriedensgedanke verdient vielmehr auch und gerade bei der Lösung der kollektiv-rechtlichen Problematik der Betriebsversammlung Beachtung. Ausgangspunkt bei Herleitung und Abgrenzung der als Hausrecht bezeichneten Befugnisse von Arbeitgeber und Betriebsratsvorsitzenden muß danach die gesetzliche Regelung der §§ 854 ff. BGB sein.

§ 7 „Besitz" und „Besitzdienerschaft" als wertausfüllungsbedürftige Begriffe

I. Fragestellung

Mit dem allgemeinen Hinweis auf die besitzrechtliche Regelung des BGB als Grundlage des sogenannten Hausrechts ist freilich noch nicht die Frage beantwortet, wer im Einzelfall als Besitzer anzusehen ist und wem damit die Abwehrbefugnisse der §§ 859 ff. BGB zustehen.

Das Gesetz umschreibt den Besitz in § 854 Abs. 1 BGB als tatsächliche Gewalt über eine Sache. Wer die tatsächliche Gewalt allerdings nicht für sich, sondern im Rahmen eines Abhängigkeitsverhältnisses für einen anderen ausübt, ist nach der Vorschrift des § 855 BGB gleichwohl nicht Besitzer; nur der Weisungsberechtigte, nicht aber der Besitzdiener hat sämtliche mit dem Besitz an der Sache verbundene Befugnisse.

Sowohl die Frage, wer als Inhaber der tatsächlichen Gewalt anzusehen ist, als auch die weitere Frage, ob die tatsächliche Gewalt gegebenenfalls „für einen anderen" ausgeübt wird, läßt sich hinsichtlich des Betriebsversammlungsraums nicht ohne nähere Untersuchung der gesetzlichen Regelung beantworten. Im sachenrechtlichen Schrifttum finden sich hierzu zwar allgemeine Erläuterungen und auch eine Reihe von Einzelbeispielen; weder die damit gegebene Kasuistik noch die allgemeine Kommentierung der gesetzlichen Vorschriften gibt jedoch für die hier interessierende Problematik einen ausreichend sicheren Anhalt. Vielmehr ist festzustellen, daß im Schrifttum erhebliche Unsicherheiten bestehen, wenn es darum geht, atypische Besitzrechtslagen zu erfassen.

In dieser Unsicherheit mag auch die eigentliche Ursache dafür liegen, daß die herrschende betriebsverfassungsrechtliche Lehre bei der Problematik der Betriebsversammlung zu eigenwilligen Hausrechtskonstruktionen Zuflucht sucht, statt sich an besitzrechtlichen Vorschriften zu orientieren. Auch die von Fabricius vertretene These, die Problematik der Betriebsversammlung könne mit zivilrechtlichen Mitteln nicht zufriedenstellend gelöst werden, hat möglicherweise hier ihren Ursprung.

Eine überzeugende Einordnung der Hausrechtsproblematik in das Gefüge der §§ 854 ff. BGB setzt daher voraus, daß Bedeutung und Funktion der anzuwendenden besitzrechtlichen Begriffe mit der notwendigen Klarheit erfaßt werden.

II. Der Besitz als tatsächliche Gewalt (§ 854 BGB)

Das Gesetz enthält keine ausdrückliche Definition des Besitzbegriffs. Wie sich aber aus der Regelung des § 854 Abs. 1 BGB ergibt, ist als Besitz die tatsächliche Gewalt über eine Sache zu verstehen. Diese ist nach herrschender Meinung[1] durch eine Beziehung von gewisser Festigkeit gekennzeichnet, die sich von einer nur flüchtigen Berührung durch eine gewisse räumliche Nähe und zeitliche Dauer abhebt. Wann diese Voraussetzungen im Einzelfall gegeben sind, soll sich nach der Verkehrsanschauung bestimmen[2]. Die damit gegebenen Begriffsmerkmale sind allerdings wenig genau. Für die „gewisse“ Nähe der Sachbeziehung fehlt offenbar ein fester Maßstab. Dementsprechend unterschiedlich fällt die Antwort aus, wenn Grenzfälle der tatsächlichen Gewalt zur Sprache kommen. Schulbeispiele sind etwa das Sitzen auf der Parkbank[3], ein Gaststättenaufenthalt[4] oder der Besuch einer Theatervorstellung[5]. Obwohl die Beziehung des „Be-sitzers“ zu seinem Sitzplatz räumlich kaum enger sein könnte und auch zeitlich über eine flüchtige Berührung (Schulbeispiel: Der Blick in das vom Mitreisenden entliehene Kursbuch)[6] deutlich hinausragt, ist doch zweifelhaft und umstritten, ob ein solcher „Kurzbesitz“ als tatsächliche Gewalt im Sinne des § 854 Abs. 1 BGB anzusehen ist.

---

[1] *Baur*, S. 49; *Wolff / Raiser*, S. 26; *Lent / Schwab*, S. 14; *Staudinger / Seufert*, § 854 BGB Rdnr. 2; *Soergel / Mühl*, § 854 BGB Rdnr. 5, 6; *Palandt / Bassenge*, § 854 BGB Anm. 1 a; kritisch *Westermann*, S. 59.

[2] *Baur*, S. 49; *Westermann*, S. 58, *Wolff / Raiser*, S. 25; *Lent / Schwab*, S. 13; *Staudinger / Seufert*, § 854 BGB Rdnr. 2; *Soergel / Mühl*, § 854 BGB Rdnr. 2; *Erman / Westermann*, § 854 BGB Rdnr. 2; *RGRK / Kregel*, § 854 BGB Anm. 7; *Palandt / Bassenge*, § 854 BGB Anm. 1; a. A. *Heck*, S. 20 ff.

[3] *Baur*, S. 49; *Heck*, S. 27.

[4] *Heck*, S. 71; *v. Gierke*, S. 11; *Wolff / Raiser*, S. 25; *Soergel / Mühl*, § 854 BGB Rdnr. 6; *Planck / Brodmann*, § 855 BGB Anm. 2; *Kleine*, S. 16 ff.

[5] *Heck*, S. 28; *v. Gierke*, S. 11; *Soergel / Mühl*, § 854 BGB Rdnr. 6.

[6] *Staudinger / Seufert*, § 854 BGB Rdnr. 2; *Heck*, S. 27; *Westermann*, S. 59.

Verneint man in den genannten Fällen die Voraussetzungen der tatsächlichen Gewalt mit Rücksicht auf den nur vorübergehenden Charakter der Sachbeziehung, so müßte dies konsequent auch für die Durchführung einer Betriebsversammlung gelten: Diese wird in aller Regel kaum länger als ein Theaterbesuch oder ein ausgedehnter Gaststättenaufenthalt dauern. Läßt man hingegen die zeitliche und räumliche Nähe der Sachbeziehung ausreichen, so könnte man sogar jeden einzelnen Betriebsversammlungsteilnehmer als Inhaber der tatsächlichen Gewalt über seinen Sitzplatz im Versammlungsraum ansehen.

Teilweise wird versucht, das Rechtsverhältnis, das der Überlassung der Sache zugrunde liegt, in die rechtliche Würdigung mit einzubeziehen. Ausschlaggebend soll dabei allerdings nicht das wahre Rechtsverhältnis sein, sondern das, was nach Lage des Falles als Rechtslage erscheint und von der Allgemeinheit geachtet wird[7]. Ähnlich klingt die Auffassung, es komme darauf an, ob die Sachgewalt Ausdruck rechtlicher Herrschaftsmacht sei[8].

Versucht man, die Frage nach dem Besitz am Versammlungsraum anhand dieser Kriterien zu beantworten, so zeigt sich, daß auch auf diese Weise nicht die erforderliche Klarheit zu gewinnen ist. Sowohl die Sachbeziehung des Arbeitgebers als auch diejenige des Betriebsratsvorsitzenden als Versammlungsleiter beruht jeweils auf einem bestimmten Rechtsverhältnis; welches von diesen allerdings von der Allgemeinheit als Grundlage umfassender Sachgewalt anerkannt wird, ist damit noch nicht beantwortet. Eine gefestigte Lebensanschauung, die hierüber Auskunft geben könnte, wird sich für problematische Fälle wie diesen schwerlich nachweisen lassen.

III. Die Ausübung der tatsächlichen Gewalt für einen anderen (§ 855 BGB)

Ähnliche Schwierigkeiten ergeben sich bei dem Versuch, den Begriff des Besitzdieners genauer zu erfassen: Die herrschende Lehre greift hierfür zunächst auf das in § 855 BGB genannte Merkmal der „Weisungsgebundenheit“ zurück; im Zweifelsfall soll auch hier die Lebensanschauung entscheiden[9].

Die Problematik liegt im vorliegenden Zusammenhang allerdings nicht darin, die Arbeitnehmer einschließlich des Betriebsratsvorsitzenden im Grundsatz als Besitzdiener einzustufen; daß die Arbeitnehmer die tatsächliche Gewalt über die Arbeitsgerätschaften nicht für sich,

---

[7] *Staudinger / Seufert*, § 854 BGB Rdnr. 2; *Soergel / Mühl*, § 854 BGB Rdnr. 4; *Wolff / Raiser*, S. 26.

[8] *Westermann*, S. 59.

[9] *Soergel / Mühl*, § 855 BGB Rdnr. 3; *RGRK / Kregel*, § 855 BGB Anm. 6.

sondern für den Arbeitgeber nach dessen Weisung ausüben, wird nirgends bestritten.

Es gibt indessen keine abstrakte Besitzdienerschaft. Das maßgebliche Weisungsverhältnis muß vielmehr im konkreten Einzelfall festgestellt werden. Daraus ergibt sich die Schwierigkeit, jeweils zu unterscheiden, ob die betreffende Person gerade in ihrer Eigenschaft als Besitzdiener handelt oder ob sie im Einzelfall die tatsächliche Gewalt für sich persönlich ausübt[10].

Hierbei ist sicher unproblematisch, daß der Betriebsrat und die Arbeitnehmer bei der Wahrnehmung betriebsverfassungsrechtlicher Aufgaben nicht dem arbeitsvertraglichen Weisungsrecht des Arbeitgebers unterliegen. Fraglich ist aber, ob nicht das Weisungsrecht des Arbeitgebers doch insofern seine Bedeutung behält, als die Betriebsversammlung gerade in betrieblichen Räumlichkeiten durchgeführt wird, die an sich der Verfügungsgewalt des Arbeitgebers unterliegen.

Will man in dieser Frage auf die Lebensanschauung zurückgreifen, so werden sich auch hier hinreichende Anhaltspunkte kaum finden lassen. Die Lebensanschauung erscheint überfordert, wenn sie Antworten auf schwierige juristische Abgrenzungsfragen geben soll[11].

IV. Die Bedeutung der Lebensanschauung für den Begriff der tatsächlichen Gewalt

Im Ernst wird niemand den Hinweis auf die Lebensanschauung zum Anlaß nehmen, die mehrheitliche Auffassung der Bevölkerung über die tatsächliche Gewalt oder über die Frage der Besitzdienerschaft empirisch zu erfassen. Für ein solches Verfahren würde es der Justiz nicht nur an den technischen Voraussetzungen fehlen; vor allem aber würde damit die Aufgabe der Rechtsfindung verkannt, die Wertentscheidungen und Prinzipien des Gesetzes in den konkreten Einzelfall umzusetzen.

Die Bedeutung bestimmter gesetzlicher Begriffe läßt sich daher nicht aus einer vorgegebenen Lebensanschauung entnehmen, sondern kann nur unter der Voraussetzung zuverlässig erfaßt werden, daß die jeweilige Funktion des Begriffs im Hinblick auf den vom Gesetz bezweckten Ordnungszusammenhang erfragt wird. Nur so kann ein ausreichend konkreter Maßstab für die „gewisse“ Nähe der Sachbeziehung gewonnen werden, die die tatsächliche Gewalt im Sinne des § 854 BGB als Grundtatbestand des Besitzes kennzeichnet; nur so läßt sich zuverlässig

---

[10] Schulbeispiel: Die Schlafkammer des Hausdieners.

[11] Zutreffend *Planck / Brodmann* (Vorbem. vor § 854 BGB, S. 30): Der Hinweis auf die Lebensanschauung erfaßt nur typische Fälle, ist insoweit aber entbehrlich.

zwischen weisungsabhängiger und weisungsfreier Sachherrschaft im Sinne des § 855 BGB unterscheiden.

Entgegen der herrschenden Lehre ist also die Lebensanschauung nicht die Grundlage der rechtlichen Beurteilung. Ihre Bedeutung liegt allein darin, daß sich die Suche nach dem Sinn eines bestimmten Begriffs und einer bestimmten gesetzlichen Regelung an den Lebensbedürfnissen zu orientieren hat, damit das Ergebnis der Rechtsanwendung den beteiligten Interessen gerecht wird[12].

V. Die Funktion des Besitzschutzes als Auslegungsmaßstab

1. Die Sicherung des Rechtsfriedens

Die Auslegung des Begriffs der tatsächlichen Gewalt muß sich somit an der Zielsetzung der gesetzlichen Regelung orientieren. Bereits oben wurde als Aufgabe der Vorschriften über den Besitzschutz (§ 858 ff. BGB) die Wahrung des Rechtsfriedens genannt.

Gegen diese von der herrschenden Meinung[13] vertretene Auffassung wandte sich Heck[14] mit dem Argument, ein derartiges öffentliches Interesse werde allein durch Normen des öffentlichen Rechts, insbesondere des Strafrechts geschützt; demgegenüber sollten die besitzrechtlichen Normen allein das Interesse des Besitzers an der Erhaltung der Sache in seiner eigenen Interessensphäre schützen[15].

Mit der herrschenden Lehre ist darauf zu antworten, daß eine solche Auffassung nicht erklären kann, warum das Gesetz auch den Besitz des Diebes schützt, der weder ein Recht zum Besitz hat noch auf ein solches vertrauen kann. Der Sinn der Regeln über den Besitzschutz läßt sich daher nicht ohne den Gedanken des Rechtsfriedens verstehen; dieser dient allerdings entgegen Heck nicht nur einem abstrakten Gemeinwohl, sondern zugleich jedem einzelnen Besitzer: Indem sich dieser darauf verlassen kann, nicht schon bei jedem Streit über sein Recht zum Besitz um den Fortbestand seiner Herrschaftsmacht fürchten zu müssen, kommt ihm der Schutz des Rechtsfriedens auch persönlich zugute.

2. Der Schutz berechtigter Kontinuitätsinteressen

Der Hinweis auf den Rechtsfrieden als Ziel des Besitzschutzes reicht allerdings nicht aus, wenn es darum geht, eine Auswahl unter mehre-

---

[12] Zutreffend *Heck*, S. 22.

[13] *Westermann*, S. 54; *Wolff / Raiser*, S. 52; *v. Gierke*, S. 22; *Staudinger / Seufert*, vor § 854 BGB Rdnr. 3; *Soergel / Mühl*, vor § 854 BGB Rdnr. 13; *RGRK / Kregel*, vor § 854 BGB Anm. 2.

[14] *Heck*, S. 12 ff.

[15] Ebenso *Baur*, S. 70.

ren Personen zu treffen, die in Ansehung derselben Sache als Besitzer in Betracht kommen. Ginge es allein um das Verbot des Faustrechts, so wäre es völlig gleichgültig, ob man etwa den Besitz am Betriebsversammlungsraum dem Arbeitgeber oder dem Betriebsratsvorsitzenden zubilligen würde.

Das Prinzip der Rechtssicherheit ergibt also für sich allein keinen ausreichend konkreten Maßstab, um zu einer dem Einzelfall angemessenen Lösung zu gelangen. Es bedarf vielmehr einer weiteren Beurteilung, die die jeweils beteiligten Einzelinteressen berücksichtigt. Hierfür bietet der von Heck betonte Gesichtspunkt des „Kontinuitätsinteresses" einen geeigneten Ansatzpunkt, der jedoch den Rechtsfriedensgedanken nicht ersetzt, sondern lediglich ergänzt[16].

Daß der besitzrechtlichen Regelung eine solche Interessenabwägung zugrunde liegt, kommt in der Vorschrift des § 855 BGB anschaulich zum Ausdruck. Obwohl der Besitzdiener rein äußerlich in einer engeren Sachbeziehung als der Weisungsberechtigte steht, ist doch nur der letztere Besitzer. Der Grund für diese Regelung liegt darin, daß es in den vom Gesetz genannten Fällen dem Sinn des Weisungsverhältnisses und damit den „Lebensbedürfnissen" widerspräche, dem Besitzdiener eigenständige Abwehrrechte gegenüber dem Besitzherrn einzuräumen.

Für die Anwendung des § 855 BGB folgt daraus, daß die Abgrenzung zwischen der Ausübung tatsächlicher Gewalt für den Geschäftsherrn einerseits und eigennütziger Herrschaftsmacht andererseits nur nach dem jeweiligen Sinn des Weisungsverhältnisses beurteilt werden kann.

Entsprechendes gilt für den Begriff der tatsächlichen Gewalt im Sinne des § 854 Abs. 1 BGB. Das entscheidende Merkmal liegt nicht in einer nach der Lebensanschauung zu bestimmenden „Festigkeit und Dauer" der Sachbeziehung; die hinter dem Begriff der tatsächlichen Gewalt verborgene Wertungsfrage lautet vielmehr, welches Interesse im Hinblick auf die Wahrung des Rechtsfriedens den Vorzug verdient, im Streit um die gegenseitigen Rechte und Pflichten den eigenen Standpunkt mit den Mitteln des Besitzschutzes durchsetzen zu dürfen.

§ 8 Der Besitz am Betriebsversammlungsraum

Die somit zur Beurteilung der Besiztrechtslage am Betriebsversammlungsraum erforderliche Interessenabwägung setzt zunächst voraus, daß ausreichende Klarheit darüber gewonnen wird, welche Interessen am Betriebsversammlungsgeschehen beteiligt sind und welchen Stellenwert das Gesetz diesen Interessen im Rahmen der Betriebsversammlung zuweist.

[16] Zutreffend *Soergel / Mühl*, vor § 854 BGB Rdnr. 13.

I. Das Teilnahmerecht und die Ordnungsaufgabe der Versammlungsleitung

Geht man davon aus, daß es sich bei der Betriebsversammlung um eine Versammlung der Arbeitnehmer des Betriebs handelt (§ 42 Abs. 1 BetrVG), so richtet sich das Augenmerk zunächst auf die Rechtsstellung der einzelnen Betriebsversammlungsteilnehmer.

Mit dem Teilnahmerecht gewährt das Betriebsverfassungsgesetz dem einzelnen Arbeitnehmer einen selbständigen Anspruch auf Information und Aussprache über die in § 45 BetrVG genannten betrieblichen Angelegenheiten. Welche Bedeutung dieser Anspruch der Versammlungsteilnehmer in der Praxis zu entfalten vermag, hängt nicht zuletzt auch davon ab, ob es gelingt, das Teilnahmerecht gegen unberechtigte Eingriffe zu schützen.

Dabei kommt nicht nur in Betracht, daß etwa von seiten des Arbeitgebers unliebsame Kritik unterbunden werden soll; auch im Verhältnis verschiedener Arbeitnehmergruppierungen oder auch einzelner Arbeitnehmer untereinander können sich Konflikte ergeben. Denkbar ist schließlich auch, daß der Betriebsratsvorsitzende es bei der Versammlungsleitung an der erforderlichen Objektivität und Neutralität fehlen läßt und unzulässig in das Teilnahmerecht etwa dadurch eingreift, daß er ohne ausreichenden Anlaß einen Versammlungsteilnehmer von der Versammlung ausschließt.

In Anbetracht der Bedeutung des Teilnahmerechts und der ihm drohenden Gefahren könnte es als sinnvoll erscheinen, jedem einzelnen Betriebsversammlungsteilnehmer ein eigenes „berechtigtes Kontinuitätsinteresse“ in der Betriebsversammlung zuzuerkennen. Mit dem Teilnahmerecht wäre dann ein Teilbesitz am Versammlungsraum verbunden[1].

Im betriebsverfassungsrechtlichen Schrifttum wird eine vergleichbare Auffassung indessen zu Recht nirgends vertreten: Je nachdem, ob die Betriebsversammlung rechtmäßig oder rechtswidrig verläuft, soll das Hausrecht am Versammlungsraum entweder dem Betriebsratsvorsitzenden oder dem Arbeitgeber zustehen. Gegenüber diesem Hausrecht kann sich der einzelne Versammlungsteilnehmer nicht etwa auf ein „Recht am eigenen Sitzplatz“ berufen[2].

---

[1] So in der Tat *Heck*, S. 28 für den Theaterbesucher.

[2] Das aber wäre die Konsequenz aus *Hecks* Auffassung. Im Gasthausbeispiel (S. 71) will Heck dem Gast allerdings den Besitzschutz im Hinblick auf den Mitbesitz des Gastwirts am Schankraum versagen (§ 866 BGB) und dem Wirt ein Notwehrrecht aus § 227 BGB einräumen. Die Entfernung eines störenden Gastes betrifft indessen nicht, wie in § 866 BGB vorausgesetzt, die Bestimmung der Gebrauchsgrenzen, sondern bedeutet eine vollständige Besitzentziehung, gegen die Besitzwehr geübt werden darf (vgl. *Palandt / Bassenge*, § 866 BGB Anm. 2 a).

Ein ordnungsgemäßer Versammlungsablauf wäre undenkbar, wenn jeder Versammlungsteilnehmer seine Anwesenheit im Versammlungsraum mit Besitzschutzrechten sogar dann verteidigen dürfte, wenn er zu Recht wegen störenden Verhaltens von der weiteren Teilnahme an der Betriebsversammlung ausgeschlossen worden ist. Letztlich wäre damit die Funktion des Leitungsrechts in Frage gestellt, was im Ergebnis zu Lasten anderer Versammlungsteilnehmer gehen würde: Das Recht auf Information und Aussprache vermag seine Bedeutung nur im Rahmen eines planvollen Versammlungsablaufs zu entfalten; ein solcher läßt sich jedoch in Anbetracht der vorhandenen Gegensätze nur gewährleisten, wenn ein hierzu legitimierter Versammlungsleiter ausreichende Lenkungs- und Ordnungsbefugnisse zur Hand hat, die er notfalls auch zwangsweise gegenüber einem störenden Versammlungsteilnehmer durchsetzen kann.

Auch wenn aus diesem Grunde dem einzelnen Betriebsversammlungsteilnehmer nicht das für den Besitz maßgebliche „berechtigte Kontinuitätsinteresse" zugebilligt werden kann, so bedeutet dies keinesfalls, daß damit ein grundloser Eingriff in das Teilnahmerecht zulässig wäre; gegebenenfalls kommen Sanktionen nach § 23 Abs. 1 BetrVG (für den Betriebsratsvorsitzenden) bzw. nach § 23 Abs. 3 und § 119 Abs. 1 Nr. 2 BetrVG (für den Arbeitgeber) in Betracht[3].

II. Die betriebliche Weisungsgewalt des Arbeitgebers und die Unabhängigkeit der Betriebsversammlung

1. Der Schutz des arbeitsvertraglichen Weisungsrechts in § 855 BGB

Grundsätzlich steht dem Arbeitgeber als Inhaber des Betriebs die Befugnis zu, über die Anwesenheit anderer Personen auf dem Betriebsgelände zu bestimmen. Das gilt auch gegenüber den im Betrieb beschäftigten Arbeitnehmern. Aus dem Recht auf Beschäftigung[4] ergibt sich zwar ein Anspruch auf Anwesenheit im Betrieb; nach herrschender arbeitsrechtlicher Auffassung wird jedoch dadurch das Hausrecht des Arbeitgebers (d. h. sein Besitz an den betrieblichen Einrichtungen) nicht eingeschränkt[5]. Der Beschäftigungsanspruch kann also nur im Klagewege durchgesetzt werden[6].

---

[3] Zur Frage, ob das Teilnahmerecht darüber hinaus geeignet ist, das Hausrecht derart einzuschränken, daß rechtswidrige Eingriffe in das Teilnahmerecht überhaupt als unwirksam und damit als unbeachtlich anzusehen sind, siehe unten § 9 III.

[4] *Hueck / Nipperdey,* Bd. I, S. 380 ff.; *Nikisch,* Bd. I, S. 512 ff.; *Lepke,* S. 148; *Jaenecke,* DB 1957, S. 380; BAG 2, S. 221 (225).

[5] *Lepke,* S. 154; *Hesselberger,* S. 77; *Jaenecke,* DB 1957, S. 380; a. A. *Dieckhoff;* AuR 1961, S. 178.

Dieses Ergebnis entspricht der Regelung der § 855 BGB. Andernfalls würde sich die ständige Gefahr ergeben, daß Auseinandersetzungen um arbeitsvertragliche Rechte und Pflichten mit den Mitteln des Besitzschutzes ausgetragen würden.

2. Einschränkungen in betriebsverfassungsrechtlicher Hinsicht

Anders als die Verwirklichung des Beschäftigungsanspruchs steht indessen die Durchführung einer Betriebsversammlung mit den Rechten und Pflichten aus dem Arbeitsvertrag nicht in direktem Zusammenhang: Die das Arbeitsverhältnis kennzeichnende Weisungsgebundenheit des Arbeitnehmers ist auf dem Gebiet des Betriebsverfassungsrechts gerade nicht gegeben. Aus diesem Grund erscheint es zweifelhaft, ob den Arbeitgeber auch im Rahmen der Betriebsversammlung lediglich bestimmte Pflichten treffen, im übrigen aber seine Rechtsstellung als Hausherr und Besitzer der betrieblichen Einrichtungen unangetastet bleibt.

Das betriebsverfassungsrechtliche Schrifttum[7] steht in dieser Frage auf dem Standpunkt, daß den Arbeitgeber im Rahmen der Betriebsversammlung nicht nur die Verpflichtung trifft, von seinem Hausrecht keinen unbefugten Gebrauch zu machen; solange die Versammlung ordnungsgemäß verläuft, soll vielmehr das Hausrecht am Betriebsversammlungsraum dem Betriebsratsvorsitzenden zustehen, so daß allein diesem der mit dem Begriff Hausrecht umschriebene Besitzschutz zusteht. Dem Bedenken, daß damit die Rechtsstellung des Arbeitgebers allzusehr eingeschränkt sein könnte, will die herrschende Meinung dadurch Rechnung tragen, daß sie der Betriebsversammlung bei erheblichen Verstößen gegen das Betriebsverfassungsgesetz den Betriebsversammlungscharakter abspricht und damit das Hausrecht am Betriebsversammlungsraum wieder allein dem Arbeitgeber zuweist.

Nach der hier vertretenen Auffassung steht jedoch die These, das Hausrecht am Betriebsversammlungsraum werde unter gewissen Voraussetzungen mal vom Betriebsratsvorsitzenden, mal vom Arbeitgeber ausgeübt, weder mit der besitzrechtlichen Dogmatik des BGB in Einklang, noch trägt die damit gewonnene Kompetenzverteilung nach Rechtmäßigkeitsfragen des Einzelfalls den Erfordernissen von Rechtsfrieden und Rechtssicherheit Rechnung.

Will man diese Mängel vermeiden und zu diesem Zweck die Besitzrechtsverhältnisse am Versammlungsraum unabhängig vom Verlauf der Betriebsversammlung bestimmen, so wird der Interessenkonflikt zwi-

---

[6] *Hueck / Nipperdey*, Bd. I, S. 384; *Nikisch*, Bd. I, S. 518.

[7] Siehe oben § 1 I 1.

schen Betriebsratsvorsitzendem und Arbeitgeber vom Einzelfall auf eine generelle Ebene verlagert: Entweder dem Betriebsratsvorsitzenden oder dem Arbeitgeber steht mit dem Besitz am Versammlungsraum die Möglichkeit offen, im Streit um betriebsverfassungsrechtliche Rechte und Pflichten den eigenen Standpunkt durchzusetzen.

3. Gefahren und Nachteile für den Betrieb bei rechtswidrigen Betriebsversammlungen

Daß es für den Arbeitgeber dabei nicht nur um das ideelle Interesse unumschränkter Herrschaftsmacht über den Betrieb geht, wird deutlich, wenn man sich die wirtschaftliche Seite der Betriebsversammlungsproblematik vor Augen führt: Da die Betriebsversammlung nach § 44 Abs. 1 S. 1 BetrVG während der Arbeitszeit stattfindet, entsteht hierdurch ein erheblicher Porduktionsausfall; darüber hinaus ist nach § 44 Abs. 1 S. 2 BetrVG den Arbeitnehmern die Teilnahmezeit wie Arbeitszeit zu vergüten. Bei schwerwiegenden Störungen der Versammlung kann es im Einzelfall zu Sachbeschädigungen am Inventar des Versammlungsraums kommen. Weiter könnte sich der Arbeitgeber durch Beleidigungen oder unwahre Tatsachenbehauptungen in seiner Ehre verletzt sehen.

Zur Verteidigung gegen derartige Angriffe auf die persönliche Ehre oder das betriebliche Eigentum ist der Arbeitgeber allerdings auf Besitzschutzrechte nicht angewiesen. Insoweit kann er in jedem Fall auf sein Notwehrrecht nach § 227 BGB zurückgreifen[8], wobei zur erforderlichen Verteidigung gegebenenfalls auch die Entfernung des oder der Angreifer gehören kann. Daneben steht ihm gegen den jeweiligen Schädiger ein Ersatzanspruch nach § 823 Abs. 1 BGB zu.

Für die übrigen Vermögensnachteile wird der Arbeitgeber hingegen, wie bereits in einer besonderen Abhandlungen über die „Sanktionen des Arbeitgebers bei Störungen der Betriebsversammlung"[9] ausgeführt, nur selten Ersatz verlangen können.

Richtiger Ansicht nach kann sich der Arbeitgeber dem Vergütungsverlangen der Arbeitnehmer nämlich nicht mit dem Argument entziehen, eine rechtswidrige Versammlung sei gar keine Betriebsversammlung im Sinne des Gesetzes, so daß die Vorschrift des § 44 Abs. 1 S. 2 BetrVG hier nicht anzuwenden sei. Eine solche Auslegung würde dazu führen, daß letztlich sämtliche Arbeitnehmer dafür einstehen müßten, daß die Betriebsversammlung einen rechtswidrigen Verlauf nimmt, obwohl sie im Einzelfall weder erkennen können, wann die Grenzen des

---

[8] Das Notwehrrecht nach § 227 BGB gestattet gegebenenfalls auch eine hierzu erforderliche Besitzstörung, vgl. *Palandt / Bassenge*, § 858 BGB Anm. 6.

[9] *Schlüter / Dudenbostel*, DB 1974, S. 2473 ff.

Zulässigen überschritten sind, noch maßgeblichen Einfluß auf die Beachtung der gesetzlichen Vorschriften haben[10].

Ebensowenig wird der Arbeitgeber in der Regel die für die Vergütung der Teilnahme an einer rechtswidrigen Betriebsversammlung aufgewandten Kosten und den entstandenen Produktionsausfall vom Betriebsratsvorsitzenden als verantwortlichem Versammlungsleiter oder von einzelnen Versammlungsteilnehmern ersetzt verlangen können[11]. Zwar ist der Betriebsratsvorsitzende zur ordnungsgemäßen Leitung der Betriebsversammlung nach § 42 BetrVG nicht nur berechtigt, sondern auch verpflichtet; auch die einzelnen Versammlungsteilnehmer unterliegen den Vorschriften des Betriebsverfassungsgesetzes über die Durchführung der Betriebsversammlung. Das Betriebsverfassungsgesetz enthält indessen keine eigenen Haftungsnormen für die Verletzung betriebsverfassungsrechtlicher Pflichten. Demgemäß kommt ein Ersatzanspruch des Arbeitgebers wegen erlittener Vermögensschäden nur in Betracht, wenn die Voraussetzungen einer vorsätzlich sittenwidrigen Schädigung (§ 826 BGB) erfüllt sind oder aber zugleich eine schuldhafte Verletzung des Arbeitsvertrags vorliegt[12].

Praktisch wird daher der Arbeitgeber nur in krassen Ausnahmefällen die Vermögensnachteile ersetzt verlangen können, die ihm durch eine rechtswidrige Betriebsversammlung entstehen. Aus diesem Grund ist es nicht unverständlich, wenn die herrschende betriebsverfassungsrechtliche Lehre dem Arbeitgeber die Möglichkeit einräumen will, notfalls eigenmächtig in eine rechtswidrig gewordene Betriebsversammlung einzugreifen.

4. Das Leitungsrecht nach § 42 Abs. 1 BetrVG und die Unabhängigkeit des Betriebsratsamtes

So schwerwiegend die genannten finanziellen Nachteile indessen sein mögen, die dem Arbeitgeber durch eine rechtswidrige Betriebsversammlung drohen, ist doch zweifelhaft, ob es mit der Unabhängigkeit der Betriebsversammlung in Einklang stünde, wenn man dem Arbeitgeber mit dem Besitz am Versammlungsraum die Möglichkeit einräumen wollte, eigenmächtig in den Ablauf der Betriebsversammlung einzugreifen.

---

[10] *Schlüter / Dudenbostel,* DB 1974, S. 2473; *Fabricius / GK,* § 44 BetrVG Rdnr. 29 ff.

[11] *Schlüter / Dudenbostel,* DB 1974, S. 2473 (2475); teilweise weitergehend *Herschel,* DB 1975, S. 690, der für eine Haftung aus § 823 Abs. 2 BGB i. V. m. § 119 Abs. 1 Nr. 2 BetrVG (Störung der Betriebsratstätigkeit) und aus § 823 Abs. 1 BGB (Eingriff in den Gewerbebetrieb) eintritt.

[12] Vgl. *Schlüter / Dudenbostel,* DB 1974, S. 2473 (2475).

Dabei geht es allerdings weniger um das Bedenken, daß der Arbeitgeber die Herrschaftsgewalt über den Versammlungsraum dazu mißbrauchen könnte, unter bewußter Überschreitung seiner betriebsverfassungsrechtlichen Bindungen den Ablauf der Betriebsversammlung zu stören. Zum einen hätte sich der Arbeitgeber hierfür nach § 119 Abs. 1 Nr. 2 BetrVG zu verantworten, der die Störung der Betriebsratstätigkeit unter Strafe stellt; zum anderen müßte er die erheblichen Kosten tragen, die bei der durch einen unzulässigen Eingriff veranlaßten Wiederholung der Betriebsversammlung entstehen.

Praktische Bedeutung könnte die mit dem Besitz verbundene Eingriffsmöglichkeit eher dann erlangen, wenn der Arbeitgeber im Einzelfall zu der Auffassung gelangt, daß der Ablauf der Betriebsversammlung nicht dem Betriebsverfassungsgesetz entspricht.

Wann ein solcher Verstoß gegen das Betriebsverfassungsgesetz vorliegt, läßt sich jedoch, worauf bereits hingewiesen wurde, jeweils nur schwer feststellen. Zu einer sicheren Beurteilung der Rechtslage wird daher der Arbeitgeber in der Regel kaum mehr als der Betriebsratsvorsitzende in der Lage sein.

Könnte der Arbeitgeber im Streitfall seiner Rechtsauffassung mit Hilfe des Hausrechts Geltung verschaffen, so würde ihm damit praktisch die Kontrolle über das Betriebsversammlungsgeschehen zufallen. Die Entscheidungsgewalt des Versammlungsleiters ließe sich durch die auf den Besitz am Versammlungsraum gestützten Eingriffsbefugnisse überspielen, indem etwa bestimmte Versammlungsteilnehmer mit Hilfe des Hausrechts aus dem Versammlungsraum entfernt würden.

Das Leitungsrecht des Betriebsratsvorsitzenden nach § 42 BetrVG hätte dann im wesentlichen nur noch formelle Bedeutung: Solange die Betriebsversammlung ordnungsgemäß verläuft oder der Betriebsratsvorsitzende als Versammlungsleiter eventuelle Störungen des Versammlungsablaufs zügig und erfolgreich unterbindet, besteht für einen Eingriff von seiten des Arbeitgebers ohnehin kein Anlaß; verletzt aber der Betriebsratsvorsitzende angeblich oder tatsächlich seine Überwachungspflicht, könnte der Arbeitgeber eingreifen und über die Leitungsbefugnis des Betriebsratsvorsitzenden hinweg eigenmächtig „für Ordnung sorgen“.

Ein solches Ergebnis erscheint mit dem Sinn des Leitungsrechts nach § 42 Abs. 1 BetrVG nicht vereinbar. In Anbetracht der in § 45 BetrVG nur unklar umrissenen Zuständigkeitsgrenzen der Betriebsversammlung braucht der Versammlungsleiter sowohl einen breiten Beurteilungsspielraum, innerhalb dessen auch rechtlich zweifelhafte Anordnungen unangreifbar sein müssen, als auch einen gewissen Ermessensrahmen, damit auch unerwartete Situationen gemeistert werden können. So kann es im Einzelfall durchaus geboten sein, gewisse Störungen oder nicht zur Sache gehörende Ausführungen hinzunehmen, weil ein energisches Vorgehen weitere Unruhe oder gar noch schwerere Störungen provozieren könnte, an denen die Versammlung endgültig scheitern müßte. Für eine verantwortliche Entscheidung des Versammlungsleiters wäre indessen von vornherein kein Raum, wenn in kritischen Situationen oder bei rechtlich schwierigen Zweifelsfragen ein Eingreifen des Arbeitgebers drohte[13].

Auch mit dem zu einem Grundprinzip der Betriebsverfassung erhobenen Gedanken der Unabhängigkeit des Betriebsratsamtes erscheint ein solches Kontrollrecht des Arbeitgebers unvereinbar.

Das Betriebsverfassungsgesetz räumt dem Betriebsrat als Repräsentanten der im Betrieb tätigen Arbeitnehmer zahlreiche Beteiligungsrechte ein, die es erlauben, auf das betriebliche Geschehen in sehr viel konkreterer Weise Einfluß zu nehmen, als dies im Rahmen einer Betriebsversammlung der Fall sein kann. Bei der Wahrnehmung dieser Rechte hat zwar der Betriebsrat das Gebot der vertrauensvollen Zusammenarbeit mit dem Arbeitgeber nach § 2 Abs. 1 BetrVG und die Friedenspflicht nach § 74 BetrVG zu beachten. Der grundlegende Interessenwiderspruch zwischen Arbeitgeber- und Arbeitnehmerseite wird vom Betriebsverfassungsgesetz jedoch nicht geleugnet; er wird vielmehr vorausgesetzt, soll allerdings auf betrieblicher Ebene im Interesse beider Seiten nur in der vom Gesetz bestimmten Weise ausgetragen werden[14].

Meinungsverschiedenheiten oder auch ernsthafte Auseinandersetzungen zwischen Betriebsrat und Arbeitgeber sind in Anbetracht der vorhandenen Interessengegensätze nicht mehr als eine betriebsverfassungsrechtliche Selbstverständlichkeit. Ohne Zweifel können hierdurch im Einzelfall wichtige Entscheidungen verzögert werden; unter Umständen werden sich daraus sogar endgültige wirtschaftliche Nachteile für den Arbeitgeber ergeben[15].

Selbst für den Fall, daß der Betriebsrat offensichtlich seine Amtspflichten verletzt, kann jedoch der Arbeitgeber nach der Regelung des Betriebsverfassungsgesetzes die Mitwirkungsrechte des Betriebsrats

---

[13] *Schlüter / Dudenbostel*, DB 1974, S. 2350 (2352).

[14] Vgl. etwa *Thiele / GK*, Einleitung Rdnr. 60; *Radtke*, AuR 1957, S. 129 (130); BAGE 2, S. 175 (179), freilich jeweils mit unterschiedlicher Akzentuierung.

[15] Beispiel: Der Betriebsrat verweigert die nach § 99 Abs. 2 BetrVG erforderliche Zustimmung zu einer vom Arbeitgeber beabsichtigten Einstellung, worauf der Bewerber das Interesse an der angebotenen Stelle verliert. Als Nachteile kommen hier die vergeblich aufgewandten Inseratskosten, darüberhinaus u. U. ein durch die Verzögerung der Einstellung veranlaßter Produktionsausfall in Betracht.

nicht ohne weiteres übergehen; vielmehr ist er — vom Sonderfall der sogenannten vorläufigen personellen Maßnahme nach § 100 BetrVG abgesehen — jeweils darauf angewiesen, Meinungsverschiedenheiten durch einen Beschluß der Einigungsstelle, notfalls auch durch eine Entscheidung des Arbeitsgerichts klären zu lassen, bevor die betreffende Maßnahme durchgeführt werden kann. Mißbraucht der Betriebsrat seine Befugnisse zur Obstruktion, so wird der Arbeitgeber eine Amtsenthebung nach § 23 Abs. 1 BetrVG erreichen können[16]. Bis zur Entscheidung des Arbeitsgerichts behält der Betriebsrat jedoch sämtliche Rechte, so daß der Arbeitgeber gehindert ist, seinen Standpunkt eigenmächtig durchzusetzen. Die Kontrolle über die Amtsführung des Betriebsrats liegt danach also nicht beim Arbeitgeber, sondern beim Arbeitsgericht. Der Grund hierfür liegt in der Unabhängigkeit des Betriebsratsamtes, die ihre Bedeutung gerade dann gewinnt, wenn um betriebsverfassungsrechtliche Fragen ernsthaft gestritten wird. Das Betriebsverfassungsgesetz mutet es dem Arbeitgeber zu, ein pflichtwidriges Verhalten des Betriebsrats vorübergehend hinzunehmen, weil andernfalls das Kräfteverhältnis von Arbeitgeber und Betriebsrat allzuleicht verschoben werden könnte.

III. Ergebnis

Für die Problematik der Betriebsversammlung ergibt sich aus dem Grundsatz der Unabhängigkeit des Betriebsratsamtes die Konsequenz, daß die Entscheidungsgewalt über das Betriebsversammlungsgeschehen allein beim Betriebsratsvorsitzenden als Versammlungsleiter liegen muß, ohne daß dem Arbeitgeber eigenmächtig durchsetzbare Kontrollbefugnisse zustehen. Neben der im Betriebsverfassungsgesetz ausdrücklich bestimmten Kompetenzverteilung ist demgemäß für auf das Hausrecht gestützte Eingriffsbefugnisse des Arbeitgebers kein Raum. Das den Besitz kennzeichnende „Kontinuitätsinteresse" liegt somit ausschließlich beim Betriebsratsvorsitzenden als Leiter der Betriebsversammlung. Entgegen der herrschenden Lehre steht also dem Arbeitgeber unabhängig vom rechtmäßigen oder rechtswidrigen Ablauf der Betriebsversammlung nur der mittelbare Besitz am Versammlungsraum zu, während der Betriebsratsvorsitzende den unmittelbaren Besitz ausübt.

---

[16] In schwerwiegenden Fällen läßt die h. M. auch eine einstweilige Verfügung, gerichtet auf vorläufige Amtsenthebung zu, vgl. *Thiele / GK*, § 23 BetrVG Rdnr. 50.

§ 9 Der Besitz an den Zugangswegen zum Betriebsversammlungsraum und das Recht zur Teilnahme an der Betriebsversammlung

I. Fragestellung

Die Gefahr, daß es bei der Durchführung einer Betriebsversammlung zu einem Konflikt zwischen den Rechten des Arbeitgebers als Inhaber und Hausherr des Betriebs und den betriebsverfassungsrechtlich garantierten Befugnissen von Arbeitnehmern und Betriebsrat kommen könnte, beschränkt sich nicht auf den eigentlichen Versammlungsablauf. Schon um das Recht, das Betriebsgelände betreten zu dürfen, um die dort stattfindende Betriebsversammlung zu besuchen, kann sich im Einzelfall ein Streit entzünden. So könnte etwa der Arbeitgeber geneigt sein, einer bestimmten Person den Zugang zum Betriebsversammlungsraum zu verwehren, wenn diese seiner Auffassung nach entweder überhaupt nicht zum teilnahmeberechtigten Personenkreis der Betriebsversammlung gehört oder aber das Recht zur Teilnahme an der Betriebsversammlung ausnahmsweise verwirkt hat.

Im Schrifttum wird diese Problematik unter dem Stichwort des „Hausrechts an den Zugangswegen zum Betriebsversammlungsraum" erörtert. Die verschiedenen Standpunkte in dieser Frage, die im ersten Kapitel der Arbeit referiert wurden[1] sind — ähnlich wie die übrige Problematik des Hausrechts in der Betriebsversammlung — dadurch gekennzeichnet, daß die gewünschten Ergebnisse im wesentlichen auf allgemeine Erwägungen über das Hausrecht gestützt werden, ohne daß ein Bezug zu den einschlägigen Normen des Zivilrechts deutlich wird.

Eine überzeugende Problemlösung muß jedoch an der gesetzlichen Regelung selbst ansetzen und sich an den dort niedergelegten Wertentscheidungen ausrichten. Die hier zu beantwortende Frage lautet also, wem das den Besitz kennzeichnende „Kontinuitätsinteresse" hinsichtlich der Zugangswege zum Betriebsversammlungsraum zusteht, und in welchem Verhältnis hierzu die Rechte der Versammlungsteilnehmer stehen.

II. Das „Kontinuitätsinteresse" an den Zugangswegen zum Betriebsversammlungsraum

Die These, der Betriebsratsvorsitzende übe als Leiter der Betriebsversammlung den Besitz am Versammlungsraum aus, stützt sich letztlich auf den Gedanken der Unabhängigkeit der Betriebsversammlung. Demgemäß liegt es nicht fern, denselben Gesichtspunkt auch für die Problematik des Hausrechts an den Zugangswegen heranzuziehen und

---

[1] Oben § 2.

hieraus eine Ausdehnung der Besitzsphäre des Betriebsratsvorsitzenden auf den Weg zum Versammlungsraum abzuleiten.

Für diese Auffassung, die zum Teil in der betriebsverfassungsrechtlichen Lehre vertreten wird[2], scheinen gute Gründe zu sprechen: Welchen Verlauf die Betriebsversammlung nimmt, hängt ganz wesentlich von ihrem Teilnehmerkreis ab. Würden etwa besonders kritische Versammlungsteilnehmer von vornherein am Zugang zum Versammlungsraum gehindert, so wäre damit die Unabhängigkeit der Betriebsversammlung sicher noch stärker als durch einen einzelnen Eingriff in die Versammlungsleitung beeinträchtigt.

Der Gedanke der Unabhängigkeit der Betriebsversammlung ist jedoch nur ein Aspekt in der hier erforderlichen Interessenbewertung; ob ihm der Vorrang vor anderen Belangen gebührt, bedarf einer sorgfältigen, auf den konkreten Konflikt bezogenen Abwägung.

Soweit es um den Besitz am Versammlungsraum selbst geht, ergibt sich nach der hier vertretenen Auffassung das vorrangige „Kontinuitätsinteresse" des Betriebsratsvorsitzenden daraus, daß nach der Regelung des § 42 Abs. 1 BetrVG ausschließlich ihm die Leitung der Betriebsversammlung zusteht. Diese vom Betriebsverfassungsgesetz vorgesehene Kompetenzverteilung darf nicht durch auf Eigentum oder Besitz gestützte Eingriffsrechte des Arbeitgebers gestört werden. Das Interesse des Arbeitgebers an der Integrität seiner persönlichen Ehre und seines Eigentums ist durch das Notwehrrecht nach § 227 BGB ausreichend geschützt.

Anders als der Versammlungsraum, der während der Betriebsversammlung ausschließlich für betriebsverfassungsrechtliche Zwecke zur Verfügung steht, dienen die Zugangswege zum Versammlungsraum in der Regel jedoch gleichzeitig dem Zugang zum Betrieb[3]. Insoweit überschneiden sich also die betriebsverfassungsrechtliche und die allgemeine betriebliche Zweckbestimmung der Zugangswege.

Die Entscheidung, wer zu den betrieblichen Anlagen Zutritt erhalten soll, steht jedoch allein dem Arbeitgeber zu.

Wollte man tatsächlich — wie dies teilweise vertreten wird — das Hausrecht des Betriebsratsvorsitzenden auf die Zugangswege zum Versammlungsraum ausdehnen, so wäre dem Arbeitgeber nicht nur die Entscheidung über den Zugang zu bestimmten Betriebsteilen genommen; nicht einmal er selbst könnte ohne Erlaubnis des Betriebsratsvor-

---

[2] Vgl. § 2 I.

[3] Verfügt der Versammlungsraum allerdings im Einzelfall über einen „separaten" (vom sonstigen Betriebsgelände getrennten) Zugang, so umfaßt der Besitz des Betriebsratsvorsitzenden am Versammlungsraum zwanglos auch den dorthin führenden Zugangsweg.

sitzenden die Zugangswege benutzen. Damit würde jedoch in Kompetenzen des Arbeitgebers eingegriffen, die mit der Durchführung der Betriebsversammlung in keinem Zusammenhang stehen.

An diesem Ergebnis würde sich auch dann nichts ändern, wenn man die Entscheidungsgewalt über die Benutzung der Zugangswege Betriebsratsvorsitzendem und Arbeitgeber nebeneinander zubilligen wollte. Als Mitbesitzer im Sinne des § 866 BGB wäre der Betriebsratsvorsitzende zwar gehindert, den Arbeitgeber selbst oder diesem genehme Personen von der Benutzung der Zugangswege auszuschließen; seinerseits könnte er jedoch nach wie vor beliebig sogar solchen Personen Zugang zum Betrieb gewähren, die überhaupt nicht an der Betriebsversammlung teilnehmen wollen, ohne daß der Arbeitgeber dies unterbinden könnte.

Hier wird m. E. der wesentliche Unterschied deutlich, der zwischen der Problematik des Hausrechts am Betriebsversammlungsraum und des Hausrechts an den Zugangswegen besteht:

Soweit die Entscheidungsgewalt über den Betriebsversammlungsraum in Frage steht, ist der Arbeitgeber im wesentlichen in seiner wirtschaftlichen Stellung als Eigentümer betroffen: Es geht insbesondere um sein Interesse, daß rechtswidrige Übergriffe auf sein Eigentum unterbleiben und finanzielle Nachteile durch überflüssige Verzögerungen des Versammlungsablaufs vermieden werden.

Demgegenüber verbindet sich mit dem Besitz an den Zugangswegen zum Versammlungsraum ein Kernstück betrieblicher Entscheidungsgewalt: Wer den Zugang zum Betrieb kontrolliert, kann damit praktisch wichtigen Einfluß nicht nur auf die Betriebsversammlung, sondern auch auf das übrige Betriebsgeschehen nehmen.

Die betriebliche Entscheidungsgewalt liegt jedoch — abgesehen von den im Betriebsverfassungsgesetz genannten Fällen der Mitwirkung oder der echten Mitbestimmung durch den Betriebsrat — beim Arbeitgeber. Diese vom Betriebsverfassungsgesetz vorausgesetzte Kompetenzverteilung zwischen Arbeitgeber und Betriebsrat würde verändert, wenn dem Arbeitgeber die ausschließliche Entscheidung über den Zugang zum Betrieb genommen würde.

Die Auffassung, das Hausrecht an den Zugangswegen am Betriebsversammlungen stehe dem Betriebsratsvorsitzenden zu, ist deshalb abzulehnen[4]. Vielmehr übt ausschließlich der Arbeitgeber den Besitz an den Zugangswegen aus.

---

[4] Im Ergebnis ebenso *Dietz / Richardi*, § 46 BetrVG Rdnr. 10; *Neumann-Duesberg*, S. 221; *ders.*, BB 1965, S. 1399; *Säcker*, BB 1966, S. 700 (703); *Mießner*, S. 60; *Stevens*, S. 103 FN 3; *Dietz*, Anm. zu BAG AP Nr. 1 zu § 45 BetrVG (1952); *Schlüter / Dudenbostel*, DB 1974, S. 2350 (2354); wohl auch *Fitting / Auf-*

III. Der Konflikt zwischen den besitzrechtlichen Abwehrrechten des Arbeitgebers und dem Teilnahmerecht der Versammlungsteilnehmer

Die weitere Frage, die sich damit stellt, betrifft das Verhältnis der besitzrechtlichen Abwehrrechte des Arbeitgebers zu dem Recht der Versammlungsteilnehmer, den Betrieb zum Besuch der Betriebsversammlung betreten zu dürfen.

1. Die These von der Einschränkung des Hausrechts durch das Recht auf Zugang zum Versammlungsraum

Nach der im Schrifttum wohl überwiegend vertretenen Ansicht soll das Hausrecht des Arbeitgebers durch das Recht auf Zugang zum Betriebsversammlungsraum eingeschränkt werden. Der Arbeitgeber kann danach den zur Teilnahme an der Betriebsversammlung berechtigten Personen den Zutritt zum Betrieb nicht verwehren; seine Abwehrrechte greifen nur gegenüber solchen Personen durch, die entweder von vornherein nicht zum Teilnehmerkreis der Betriebsversammlung gehören oder ihr Teilnahmerecht ausnahmsweise verloren haben[5].

Aus dem Recht zur Teilnahme ergibt sich danach nicht nur ein — notfalls klageweise durchsetzbarer — Anspruch, dem eine entsprechende rechtliche Verpflichtung des Arbeitgebers gegenübersteht; vielmehr reicht das Hausrecht des Arbeitgebers nur soweit, wie das Teilnahmerecht nicht entgegensteht.

Versucht man, diese Auffassung in die besitzrechtliche Dogmatik einzuordnen, so ergibt sich folgendes: Dem Besitzer einer Sache stehen die Besitzschutzrechte nach §§ 859, 861, 862 BGB gegenüber jedem zu, der ihn ohne seinen Willen im Besitz stört, „sofern nicht das Gesetz die Störung gestattet" (§ 858 Abs. 1 BGB). Die These von der Einschränkung des Hausrechts durch das Teilnahmerecht läßt sich danach so verstehen, daß die Durchsetzung des Teilnahmerechts gegen den Willen des Arbeitgebers keine verbotene Eigenmacht, sondern eine vom Gesetz gestattete Besitzstörung darstellen soll[6].

---

farth / Kaiser, § 46 BetrVG Rdnr. 7; *Erdmann / Jürging / Kammann*, § 46 BetrVG Rdnr. 5; *Mager / Wisskirchen*, § 45 BetrVG (1952) Rdnr. 3; *Hueck / Nipperdey*, Bd. II/2, S. 1213 FN 4; *Nikisch*, Bd. III, S. 213; *Groß*, RdA 1953, S. 91 (93); *Kraft*, AuR 1961, S. 230 (232).

[5] Siehe oben § 2 II.

[6] So für die Einschränkung des Hausrechts durch das Recht der Arbeitnehmer auf Beschäftigung *Dieckhoff*, AuR 1958, S. 178.

2. *Kritik*

Das BGB selbst gestattet eine Besitzstörung in den Fällen erlaubter Selbsthilfe. Hierhin gehört zum einen das allgemeine Selbsthilferecht nach § 229 BGB, das eigenmächtiges Handeln zuläßt, wenn obrigkeitliche Hilfe nicht rechtzeitig zu erlangen ist und ohne sofortiges Eingreifen die Gefahr der Anspruchsvereitelung besteht. Daneben enthalten die §§ 561 Abs. 1, 910 Abs. 1 und 962 BGB Selbsthilferechte, bei denen es auf das Fehlen obrigkeitlicher Hilfe nicht ankommt; letzteres gilt auch für die Verteidigungsrechte der §§ 227, 228 und des § 904 BGB[7].

Auch außerhalb des BGB finden sich Fälle gesetzlich gestatteter Eigenmacht, so insbesondere für staatliche Zwangsmaßnahmen, z. B. durch Polizei oder Gerichtsvollzieher. Für private Eingriffsrechte ist demgegenüber nach einhelliger besitzrechtlicher Auffassung besonders sorgfältig zu prüfen, ob die entsprechende gesetzliche Regelung tatsächlich eigenmächtiges Handeln gestatten oder nur ein im Wege der Klage durchsetzbares Recht verleihen will[8].

Für die entsprechende Problematik des allgemeinen Zugangsrechts der Gewerkschaften nach § 2 Abs. 2 BetrVG wird die Frage der Zulässigkeit eigenmächtiger Rechtsdurchsetzung wohl überwiegend verneint[9]. Zur Begründung wird auf den Wortlaut der Vorschrift („... ist Zugang ... zu gewähren") verwiesen. Hieraus ergebe sich lediglich eine Verpflichtung des Arbeitgebers; der gewerkschaftliche Anspruch müsse notfalls im Klagewege[10] geltend gemacht werden. Der Wortlaut des § 46 BetrVG lautet demgegenüber: „An den Betriebs- oder Abteilungsversammlungen können Beauftragte der im Betrieb vertretenen Gewerkschaften beratend teilnehmen". Ob darin indessen eine bewußte Abweichung von der Regelung des § 2 Abs. 2 BetrVG liegt, läßt sich der Entstehungsgeschichte der genannten Vorschriften nicht entnehmen; der Unterschied im Gesetzeswortlaut ist wohl eher darauf zurückzuführen, daß die Regelung des § 2 Abs. 2 BetrVG erst durch die Neufassung des Betriebsverfassungsgesetzes im Jahre 1972 eingefügt wurde, während die Formulierung des § 46 BetrVG fast wörtlich bereits in § 47 BRG

---

[7] Vgl. *Palandt / Bassenge*, § 858 BGB Anm. 6.

[8] Vgl. *Palandt / Bassenge*, § 858 BGB Anm. 6.

[9] *Kraft / GK*, § 2 BetrVG Rdnr. 35; *Dietz / Richardi*, § 2 BetrVG Rdnr. 120; unklar *Galperin / Löwisch*, § 2 BetrVG Rdnr. 97 und *Stege / Weinspach*, S. 32, die einerseits ein Einverständnis des Arbeitgebers nicht für erforderlich halten, zur Durchsetzung des Zugangsrechts aber allein auf den Weg der einstweiligen Verfügung verweisen. Anders wohl *Fitting / Auffarth / Kaiser*, § 2 BetrVG Rdnr. 17: Nur bei Mißbrauch des Teilnahmerechts soll das — ansonsten offenbar „eingeschränkte" — Hausrecht des Arbeitgebers „wiederaufleben".

[10] Bzw. durch einstweilige Verfügung nach § 85 Abs. 2 ArbGG; vgl. hierzu unten IV 4 bei FN 17.

enthalten war. Die betriebsverfassungsrechtliche Lehre sieht deshalb zu Recht davon ab, aus dem Unterschied der gesetzlichen Formulierungen Folgerungen zu ziehen.

Nach dem Sinn der besitzrechtlichen Regelung kann eine gesetzlich gestattete Eigenmacht nur für besondere Ausnahmefälle in Betracht kommen: Die Abwehrrechte aus dem Besitz sind im Interesse der Rechtssicherheit davon unabhängig, welche Berechtigungen und Verpflichtungen im einzelnen bestehen mögen; dem Nicht-Besitzer, der nur einen persönlichen Anspruch gegen den Besitzer oder ein dingliches Recht an der Sache hat, wird zugemutet, sein Recht gegenüber dem Besitzer erst nach gerichtlicher Prüfung und nur in einem besonderen staatlichen Vollstreckungsverfahren durchzusetzen[11]. Andernfalls wäre das Ziel der besitzrechtlichen Regelung, den Rechtsfrieden zu gewährleisten, überhaupt in Frage gestellt.

Zu welchen Gefahren für den Rechtsfrieden die eigenmächtige Rechtsdurchsetzung führen muß, wird gerade am Beispiel des Rechts zur Teilnahme an einer Betriebsversammlung deutlich: Bestreitet der Arbeitgeber im Einzelfall einer bestimmten Person das Recht zur Teilnahme an der Betriebsversammlung, so wird sich in der konkreten Situation, in der Zugang zum Betrieb begehrt wird, kaum jemals eindeutig feststellen lassen, ob dem Arbeitgeber für seine Weigerung ausreichende Gründe zur Seite stehen. Die Voraussetzungen, die die herrschende Lehre für den Verlust des Teilnahmerechts aufstellt, sind nämlich wenig präzise: Das Teilnahmerecht soll dann entfallen, wenn die Wahrnehmung dieses Rechts einen Rechtsmißbrauch darstellen würde, weil etwa aus bestimmten Umständen sich die ernstliche Befürchtung ergebe, daß es durch die Teilnahme zu einer Störung der Betriebsversammlung kommen könne[12]. Um den Vorwurf eines Rechtsmißbrauchs zu begründen, bedarf es indessen einer sorgfältigen Würdigung zahlreicher Umstände des Einzelfalls, zu der im allgemeinen weder der Arbeitgeber noch der einzelne Versammlungsteilnehmer in der Lage ist. Unter diesen Umständen besteht die Gefahr, daß es um die Durchsetzung des Teilnahmerechts zu Auseinandersetzungen oder gar Tätlichkeiten kommen könnte.

Die Auffassung, das Hausrecht des Arbeitgebers werde durch das Recht zur Teilnahme an der Betriebsversammlung eingeschränkt, verkennt die Problematik und Gefahren der eigenmächtigen Rechtsdurchsetzung. Geht man statt von der begrifflich unscharfen Terminologie einer „Hausrechtseinschränkung" von der Vorschrift des § 858 BGB aus,

---

[11] *Westermann*, S. 98; *Baur*, S. 70; *Staudinger / Seufert*, § 858 BGB Rdnr. 15; *Soergel / Mühl*, § 858 BGB Rdnr. 8; *RGRK / Kregel*, § 858 BGB Anm. 10; *Erman / Westermann*, § 858 BGB Rdnr. 7; *Palandt / Bassenge*, § 858 BGB Anm. 6.

[12] Siehe oben § 2 II bei FN 24.

so wird deutlich, daß das Teilnahmerecht nach dem Sinn der besitzrechtlichen Regelung des BGB nicht als ein Fall gesetzlich gestatteter Eigenmacht angesehen werden kann[13].

IV. Das Teilnahmerecht als betriebsverfassungsrechtlicher Anspruch auf Zugang und Teilnahme und die Duldungspflicht des Arbeitgebers

1. Ausgangsfrage

Nach der hier vertretenen Auffassung kommt eine eigenmächtige Durchsetzung des Teilnahmerechts nicht in Betracht. Vielmehr handelt es sich bei dem Recht zur Teilnahme an einer Betriebsversammlung um einen gegen den Arbeitgeber gerichteten Anspruch aufgrund des Betriebsverfassungsgesetzes, an der Betriebsversammlung teilnehmen und zu diesem Zweck das Betriebsgelände betreten zu dürfen. Diesem Anspruch der Versammlungsteilnehmer steht eine entsprechende betriebsverfassungsrechtliche Verpflichtung des Arbeitgebers gegenüber, den Zugang zum Versammlungsraum zu dulden. Der Arbeitgeber handelt also rechtswidrig und muß entsprechende Sanktionen befürchten, wenn er allein aufgrund seiner besitzrechtlichen Abwehrbefugnisse und ohne Rücksicht auf den Teilnahmeanspruch der Versammlungsteilnehmer den Zugang zum Betriebsversammlungsraum verwehrt.

Hierfür sind zunächst Umfang und Grenzen des Teilnahmerechts von Bedeutung (dazu unten 2). Aber auch soweit ein Recht zur Teilnahme an der Betriebsversammlung im Einzelfall nicht gegeben ist, fragt es sich, ob der Arbeitgeber berechtigt ist, den Zugang zum Betrieb in jedem Fall selbständig zu versagen, oder ob er mit Rücksicht auf die Kompetenzen des Versammlungsleiters gleichwohl verpflichtet ist, den Zutritt zum Versammlungsraum zu gestatten (unten 3). Schließlich stellt sich die Frage, in welcher Weise der Teilnahmeanspruch rechtlich durchzusetzen ist und wie er vor unzulässigen Beeinträchtigungen geschützt werden kann (unten 4).

2. Umfang und Grenzen des Teilnahmerechts

Mit der herrschenden Meinung ist zunächst davon auszugehen, daß ein Recht zur Teilnahme an der Betriebsversammlung nur in Betracht kommt, wenn es sich bei der Versammlung tatsächlich um eine Betriebsversammlung handelt und diese den Anforderungen des Betriebsverfassungsgesetzes entspricht. Soweit die Betriebsversammlung also

---

[13] Ebenso *Neumann-Duesberg*, BB 1965, 1399 (1401); *Schlüter / Dudenbostel*, DB 1974, S. 2350 (2354).

z. B. wegen ihrer Thematik gegen Vorschriften des Betriebsverfassungsgesetzes verstößt, scheidet ein Anspruch auf Zugang zum Versammlungsraum und Teilnahme an der Versammlung von vornherein aus.

Neben dieser grundsätzlichen Beschränkung des Teilnahmerechts auf die rechtmäßige Betriebsversammlung kommt nach herrschender Meinung auch ein Verlust des Teilnahmerechts im Einzelfall in Betracht, und zwar dann, wenn die Ausübung des Teilnahmerechts einen Rechtsmißbrauch darstellt oder dem Arbeitgeber unzumutbar ist.

Daß das Recht zur Teilnahme an einer Betriebsversammlung den allgemein anerkannten Grenzen jeder Rechtsausübung unterliegt, braucht im Grundsatz nicht besonders hervorgehoben zu werden. Die eigentliche Problematik ergibt sich indessen daraus, daß die genannten Begriffe jeweils der Konkretisierung bedürfen, bevor sie auf den Einzelfall angewendet werden können. Präzise Grundsätze, anhand derer man ohne weiteres einen „Rechtsmißbrauch" oder eine „Unzumutbarkeit" feststellen könnte, werden sich angesichts der Vielfalt der hier zu berücksichtigenden Umstände kaum aufstellen lassen.

Demgemäß soll hier auf den Versuch verzichtet werden, die Voraussetzungen für den Verlust des Teilnahmerechts näher aufzugliedern; ebensowenig kann hier die schwierige Frage der zulässigen Betriebsversammlungsthematik allgemeingültig beantwortet werden. Im Zusammenhang mit der Problematik des Hausrechts soll vielmehr folgende Aussage genügen:

Sowohl die Abgrenzung zwischen rechtmäßiger und rechtswidriger Betriebsversammlung als auch die Feststellung, daß ein an sich gegebenes Teilnahmerecht aus besonderen Gründen entfallen ist, bedarf einer sorgfältigen rechtlichen Beurteilung, die die im Betriebsverfassungsgesetz niedergelegten Wertentscheidungen auf den konkreten Einzelfall anwendet. Soweit die Beteiligten deswegen das Arbeitsgericht anrufen, wird damit diese schwierige Aufgabe auf eine institutionell unabhängige und fachlich qualifizierte Stelle übertragen. In der Praxis wird indessen die Anrufung des Arbeitsgerichts häufig aus Zeitgründen ausscheiden. Für diesen Fall stellt sich die praktisch wichtige Frage, ob auch der Arbeitgeber selbständig die Teilnahmeberechtigung oder Betriebsversammlungsthematik überprüfen und gegebenenfalls aufgrund seines Hausrechts den Zutritt zum Versammlungsraum verbieten darf. Gerade die Schwierigkeiten, die mit der hier erforderlichen Interessenabwägung verbunden sind, machen die mit dieser Fragestellung verbundene Problematik deutlich.

3. Die Duldungspflicht des Arbeitgebers

Nach der hier vertretenen Auffassung ist der Arbeitgeber aufgrund der ihm zustehenden Besitzschutzrechte zwar an sich in der Lage, einem zugangswilligen Versammlungsteilnehmer ohne Rücksicht auf dessen Teilnahmerecht den Zutritt zum Betriebsversammlungsraum zu verweigern; wegen des Teilnahmeanspruchs der Versammlungsteilnehmer ist er jedoch verpflichtet, die Benutzung der Zugangswege zum Versammlungsraum zu dulden.

Soweit jedoch die Betriebsversammlung gegen Vorschriften des Betriebsverfassungsgesetzes verstößt oder das Recht zur Teilnahme an der Betriebsversammlung aus besonderen Gründen entfallen ist, kommt eine — lediglich als Kehrseite des Teilnahmerechts verstandene — Duldungspflicht des Arbeitgebers nicht in Betracht. Demgemäß geht die überwiegende betriebsverfassungsrechtliche Auffassung davon aus, daß der Arbeitgeber in diesen Fällen berechtigt sei, dem zugangswilligen Versammlungsteilnehmer den Zutritt zum Versammlungsraum zu verbieten[14].

Diese Auffassung begegnet jedoch Bedenken in folgender Hinsicht:

Wegen der Unsicherheiten, die mit der Prüfung des Teilnahmerechts verbunden sind, wird der Arbeitgeber im Einzelfall kaum jemals in der Lage sein, die Grenzen seiner Duldungspflicht exakt zu bestimmen. Aus diesem Grunde läßt sich die Befürchtung nicht von der Hand weisen, daß der Arbeitgeber — möglicherweise gutgläubig, in der Sache jedoch zu Unrecht — die Ausübung des Teilnahmerechts vereitelt.

Soweit der Arbeitgeber allerdings bewußt seiner betriebsverfassungsrechtlichen Duldungspflicht zuwider handelt, kann ein solcher Mißbrauch der besitzrechtlichen Befugnisse als Behinderung der Betriebsratstätigkeit nach § 119 Abs. 1 Z. 2 BetrVG bestraft werden. In aller Regel wird sich jedoch der Einwand des Arbeitgebers, er habe irrtümlich die Voraussetzungen für den Verlust des Teilnahmerechts angenommen, nicht widerlegen lassen; eine bloß fahrlässige Behinderung der Betriebsratstätigkeit ist in § 119 Abs. 1 Z. 2 BetrVG nicht aufgeführt und demgemäß nach § 15 StGB nicht strafbar.

Damit bleibt ein nur schwer einzugrenzender Freiraum, innerhalb dessen sich eine Einflußnahme des Arbeitgebers auf Thematik und Teilnehmerkreis der Betriebsversammlung praktisch nicht verhindern läßt. Das Hausrecht an den Zugangswegen zum Betriebsversammlungsraum könnte damit zu einer Art Kontrollmacht über das Betriebsversammlungsgeschehen werden.

---

[14] Vgl. § 2 II bei FN 22.

Der maßgebliche Grund, weshalb die Herrschaft über die Zugangswege zum Versammlungsraum — anders als diejenige über den Versammlungsraum selbst — nicht dem Leiter der Betriebsversammlung, sondern dem Arbeitgeber zusteht, liegt indessen allein darin, daß dem Arbeitgeber die Möglichkeit erhalten bleiben muß, unbefugte Einwirkungen auf das Betriebsgeschehen zu verhindern; nur aus diesem Grunde war die These von der Ausdehnung des Hausrechts auf die Zugangswege zum Versammlungsraum abgelehnt worden[15]. Die dem Arbeitgeber vorbehaltenen Besitzschutzrechte sollen hingegen nicht dazu dienen, die Betriebsversammlung einer „Unbedenklichkeitsprüfung" seitens des Arbeitgebers zu unterwerfen.

Zu einer solchen Präventivkontrolle ist der Arbeitgeber ohnehin nicht in der Lage, wenn die Betriebsversammlung außerhalb des Betriebs stattfindet, weil z. B. geeignete betriebliche Räumlichkeiten fehlen. Wird die Betriebsversammlung hingegen, wie dies in der Regel der Fall sein wird, innerhalb des Betriebs abgehalten, so sind hierfür allein Kostengesichtspunkte maßgeblich; nicht jedoch besteht der Sinn einer solchen Gestaltung darin, dem Arbeitgeber eine zusätzliche Kontrollmöglichkeit einzuräumen.

Die Kompetenzverteilung zwischen Arbeitgeber und Betriebsrat kann nicht davon abhängig sein, wo die Betriebsversammlung im Einzelfall stattfindet. Die Verantwortung dafür, daß bei der Durchführung der Betriebsversammlung die maßgeblichen Rechtsvorschriften eingehalten werden, liegt nach dem Betriebsverfassungsgesetz allein beim Leiter der Betriebsversammlung, also beim Betriebsratsvorsitzenden. Demgemäß kann auch dann, wenn die Betriebsversammlung im Betrieb selbst stattfindet, dem Arbeitgeber nicht die Befugnis zuerkannt werden, mit Hilfe seines Hausrechts an den Zugangswegen zum Betriebsversammlungsraum einen drohenden Rechtsverstoß eigenmächtig zu verhindern.

Die betriebsverfassungsrechtliche Duldungspflicht des Arbeitgebers beschränkt sich also nicht allein auf den Fall, daß der zugangswilligen Person tatsächlich ein Recht zur Teilnahme an der Betriebsversammlung zusteht. Um einen Eingriff in die Kompetenzen des Versammlungsleiters zu vermeiden, darf der Arbeitgeber vielmehr im Rahmen der Betriebsversammlung von seinen besitzrechtlichen Abwehrbefugnissen nur dann Gebrauch machen, wenn sich das Verhalten des betreffenden Versammlungsteilnehmers ohne Bezug zur Betriebsversammlung gegen den Betrieb als solchen richtet.

Das ist etwa dann der Fall, wenn ein Versammlungsteilnehmer den Gang zum Betriebsversammlungsraum dazu mißbraucht, den Betriebs-

[15] Vgl. oben § 9 II.

ablauf zu stören. Demgegenüber würde die Frage, ob ein vom Versammlungsleiter eingeladener Referent oder Pressevertreter an der Betriebsversammlung teilnehmen darf, nicht vom Arbeitgeber zu entscheiden sein; vielmehr ist der Arbeitgeber hier — nicht anders als bei Rechtsverstößen während des Versammlungsablaufs — genötigt, das Verhalten des Versammlungsleiters gerichtlich überprüfen zu lassen und gegebenenfalls eine Sanktionierung anzustreben.

Im Ergebnis kommt die hier vertretene Auffassung der These von der Ausdehnung des Hausrechts des Betriebsratsvorsitzenden auf die Zugangswege zum Versammlungsraum insofern nahe, als der Unabhängigkeit der Betriebsversammlung Vorrang vor dem Interesse des Arbeitgebers eingeräumt wird, drohende Verstöße gegen das Betriebsverfassungsgesetz eigenmächtig zu unterbinden. Zugleich wird jedoch der Mangel jener These vermieden, daß nämlich dem Arbeitgeber mit dem Hausrecht an den Zugangswegen jede Kontrolle über den Zugang zum Betrieb genommen wird: Die besitzrechtlichen Abwehrrechte verbleiben beim Arbeitgeber; dieser darf jedoch hiervon nur zum Schutz des Betriebes Gebrauch machen, nicht aber in die Kompetenzen des Betriebsratsvorsitzenden als Versammlungsleiter eingreifen.

4. Durchsetzung und Schutz des Teilnahmerechts

Kommt es zum Streit über das Recht zur Teilnahme an der Betriebsversammlung, können sowohl der Arbeitgeber als auch der betroffene Versammlungsteilnehmer[16] das Arbeitsgericht anrufen, das nach §§ 2 Abs. 1 Z. 4, 80 Abs. 1 ArbGG zur Entscheidung über Bestehen oder Nichtbestehen des Teilnahmerechts zuständig ist. Daneben dürfte auch der Betriebsrat antragsberechtigt sein, dessen Kompetenz zur Durchführung der Betriebsversammlung insofern berührt ist, als sich durch die Ausschaltung eines bestimmten Versammlungsteilnehmers die Zusammensetzung der Betriebsversammlung ändert.

Im Eilfall kommt — entsprechend der herrschenden Auffassung zum Zugangsrecht nach § 2 Abs. 2 BetrVG — auch eine einstweilige Verfügung nach § 85 Abs. 2 ArbGG in Betracht[17]. Dem steht nicht entgegen, daß eine solche Entscheidung nicht zu einer bloß vorläufigen Sicherung, sondern zur endgültigen Durchsetzung des Teilnahmerechts führt. Wollte man hier den Erlaß einer einstweiligen Verfügung versagen, so

[16] Bzw. beim Teilnahmerecht des Gewerkschaftsbeauftragten die Gewerkschaft, vgl. *Dietz / Richardi*, § 46 BetrVG Rdnr. 20.

[17] LAG Hamm AP Nr. 1 zu § 2 BetrVG; *Kraft / GK*, § 2 BetrVG Rdnr. 35; *Dietz / Richardi*, § 2 BetrVG Rdnr. 148; *Fitting / Auffarth / Kaiser*, § 2 BetrVG Rdnr. 24, § 46 BetrVG Rdnr. 15; *Neumann-Duesberg*, S. 225; *ders.*, BB 1965, S. 1399 (1400); *Mießner*, S. 77; *Säcker*, BB 1966, S. 700 (705); *Kremp*, AuR 1973, S. 193 (201); *Schlüter / Dudenbostel*, DB 1974, S. 2350 (2354).

bliebe es in das Belieben des Arbeitgebers gestellt, einseitig vollendete Tatsachen zu schaffen; für den betroffenen Versammlungsteilnehmer käme dies einer Rechtsschutzverweigerung gleich[18]. Mit dem LAG Hamm[19] ist daher von der Zulässigkeit einer entsprechenden einstweiligen Verfügung auszugehen. Die Möglichkeit, das Teilnahmerecht gerichtlich durchzusetzen, bietet indessen einen wirksamen Schutz nur in den Fällen, in denen noch rechtzeitig eine Entscheidung des Arbeitsgerichts herbeigeführt werden kann — so etwa, wenn der Arbeitgeber ein allgemeines „Hausverbot" ausspricht, das nicht nur für die bevorstehende Betriebsversammlung gelten soll. Verweigert also der Arbeitgeber den Zutritt zur Betriebsversammlung so kurzfristig, daß es für die Anrufung des Arbeitsgerichts zu spät ist, so wird damit die Ausübung des Teilnahmerechts endgültig vereitelt. Um so dringlicher stellt sich für den Fall die Frage nach Sanktionen, die dazu geeignet sind, den Arbeitgeber von einem Mißbrauch seiner Befugnisse von vornherein abzuhalten.

Folgt man der hier vertretenen Ansicht, daß der Arbeitgeber den Zugang zur Betriebsversammlung nur aus betrieblichen Gründen verwehren darf, so liegt in einer auf andere Gründe gestützten Zugangsverweigerung, die einer Entscheidung des Versammlungsleiters vorgreift, eine Verletzung betriebsverfassungsrechtlicher Pflichten. Hier kann der Betriebsrat nach § 23 Abs. 3 BetrVG verfahren: Hat das Arbeitsgericht auf Antrag des Betriebsrats dem Arbeitgeber aufgegeben, den Zugang zum Betriebsversammlungsraum zu dulden, so kann ein Verstoß gegen die gerichtliche Entscheidung nach vorheriger Androhung mit Geldstrafe belegt werden. Zugleich liegt in einer unberechtigten Zugangsverweigerung eine nach § 119 Abs. 1 Z. 2 BetrVG verbotene Störung der Betriebsratstätigkeit. Die genannte Vorschrift eröffnet einen Strafrahmen von einer Geldstrafe bis zu einer Freiheitsstrafe von einem Jahr.

Aber auch wenn man — entgegen der hier vertretenen Ansicht — den Arbeitgeber grundsätzlich für berechtigt hält, einen zugangswilligen Versammlungsteilnehmer bei ernstlichen Zweifeln an dessen Teilnahmeberechtigung zurückzuweisen, so kann eine Pflichtverletzung des Arbeitgebers möglicherweise schon darin liegen, daß er mit seinen Bedenken so kurzfristig hervortritt, daß die Anrufung des Arbeitsgerichts keinen Erfolg mehr verspricht[20].

---

[18] *Wenzel*, MDR 1967, S. 889 (894).

[19] LAG Hamm, AP Nr. 1 zu § 2 BetrVG; LAG Hamm, DB 1968, S. 359 (360).

[20] Beispiel: Der Betriebsrat gibt dem Arbeitgeber 14 Tage vor der Betriebsversammlung die Tagesordnung bekannt, die ein Referat eines Gewerkschaftsbeauftragten vorsieht. Hier darf der Arbeitgeber Einwände gegen die Person des Referenten oder gegen die Thematik des Referats nicht dadurch

Schließlich geht der Arbeitgeber bei einer unberechtigten Zugangsverweigerung das Risiko ein, daß die Betriebsversammlung wiederholt werden muß. Hindert der Arbeitgeber z. B. einen Gewerkschaftsvertreter am Zutritt zur Versammlung, so kann der Betriebsratsvorsitzende als Versammlungsleiter die Betriebsversammlung unterbrechen oder absetzen[21]. Allein die erheblichen Kosten der damit notwendig werdenden Wiederholung der Betriebsversammlung setzen einem möglichen Mißbrauch des Hausrechts an den Zugangswegen zum Versammlungsraum von vornherein Grenzen.

V. Ergebnis

Nach der hier vertretenen Auffassung ist also der Arbeitgeber aufgrund seines unmittelbaren Besitzes an den Zugangswegen zum Betriebsversammlungsraum zwar in der Lage, einen Versammlungsteilnehmer am Zugang zum Betrieb zu hindern. Aus der Regelung des Betriebsverfassungsgesetzes über die Betriebsversammlung ergibt sich jedoch seine Verpflichtung, von den Besitzschutzrechten keinen Gebrauch zu machen, soweit hierdurch in die Kompetenzen des Betriebsratsvorsitzenden als Versammlungsleiter eingegriffen würde. Verweigert der Arbeitgeber gleichwohl den Zutritt zum Betrieb, so kommen neben der gerichtlichen Durchsetzung des Teilnahmerechts im Beschlußverfahren oder durch einstweilige Verfügung ein Verfahren nach § 23 Abs. 3 BetrVG und eine Bestrafung nach § 119 Abs. 1 Z. 2 BetrVG in Betracht. Gegebenenfalls kann der Betriebsratsvorsitzende die Versammlung absetzen oder unterbrechen; die Kosten der damit notwendigen Wiederholung der Betriebsversammlung treffen den Arbeitgeber.

§ 10 Der Besitz und das Leitungsrecht des Betriebsratsvorsitzenden und der Anspruch auf Teilnahme an der Betriebsversammlung

I. Fragestellung

Nach der hier vertretenen Auffassung übt der Betriebsratsvorsitzende als Leiter der Betriebsversammlung den unmittelbaren Besitz am Versammlungsraum aus. Damit ist eine Regelung getroffen, die die Versammlungsleitung und damit die Betriebsversammlung vor sachfremden Eingriffen des Arbeitgebers bewahrt. Die Entscheidung darüber, wer sich im Versammlungsraum aufhalten darf, fällt danach aus-

---

zur Geltung bringen, daß er den Gewerkschaftsbeauftragten am Zugang zum Versammlungsraum hindert; er muß seine Bedenken unverzüglich dem Betriebsrat vortragen.

[21] *Mießner*, S. 77; *Jaenecke*, DB 1957, S. 380 (381); *Kraft*, AuR 1961, S. 230 (232).

schließlich dem Versammlungsleiter zu und unterliegt nicht der Kontrolle und der Beschränkung durch den Arbeitgeber.

Mit der eindeutigen und unbedingten Zuweisung der Besitzschutzrechte an den Betriebsratsvorsitzenden ist jedoch zunächst nur der Konflikt zwischen Arbeitgeber und Versammlungsleiter geklärt. Die Frage nach dem Verhältnis der auf das Leitungsrecht und den Besitz am Versammlungsraum gestützten Ordnungsmaßnahmen des Versammlungsleiters zu dem Recht auf Teilnahme an der Betriebsversammlung ist damit jedoch noch nicht beantwortet.

II. Die These des versammlungsrechtlichen Schrifttums von der Einschränkung des Hausrechts durch das Teilnahmerecht

Das versammlungsrechtliche Schrifttum steht, wie bereits zu Beginn der vorliegenden Arbeit dargestellt wurde[1], auf dem Standpunkt, das Hausrecht des Versammlungsleiters werde durch die Vorschriften des Versammlungsgesetzes über die Durchführung einer Versammlung eingeschränkt. Demgemäß richte sich das Hausrecht nur gegen nicht zur Teilnahme an der Versammlung befugte Personen; diesen stehen nach überwiegender Auffassung solche Personen gleich, die ihr Teilnahmerecht durch Ausschluß von der Versammlung verloren haben.

Setzt man an die Stelle des unscharfen Hausrechtsbegriffs die besitzrechtlichen Vorschriften des BGB, so läßt sich die These von der Einschränkung des Hausrechts durch das Teilnahmerecht so verstehen, daß die berechtigte Anwesenheit eines Versammlungsteilnehmers eine vom Gesetz gestattete Besitzstörung darstellen soll (§ 858 Abs. 1 BGB); Zugang und Anwesenheit im Versammlungsraum stellen danach auch dann keine verbotene Eigenmacht dar, wenn dies dem Willen des Versammlungsleiters widerspricht. Erst der Verlust des Teilnahmerechts durch Ausschluß von der Versammlung macht den Verbleib im Versammlungsraum zur verbotenen Eigenmacht, so daß nunmehr der Versammlungsleiter nach § 859 BGB berechtigt ist, den ausgeschlossenen Versammlungsteilnehmer notfalls zwangsweise aus dem Versammlungsraum zu entfernen[2].

Hält man allerdings einen vom Versammlungleiter verfügten Ausschluß von der Versammlung in jedem Fall, d. h. ohne Rücksicht auf das wirkliche Vorliegen eines Ausschlußgrundes, für beachtlich, so bleibt von der Einschränkung des Hausrechts bzw. von der gesetzlichen Gestattung der Besitzstörung nichts weiter übrig als das formelle Erfordernis, vor dem Einsatz des Hausrechts einen Ausschluß von der

---

[1] Siehe oben § 3 II bei FN 11.

[2] *Dietel / Gintzel*, § 7 VersG Rdnr. 14; *Füßlein*, § 7 VersG Anm. 7.

Versammlung auszusprechen. Praktische Bedeutung kann daher die These von der Einschränkung des Hausrechts allein gewinnen, wenn man nur berechtigte Anordnungen des Versammlungsleiters für beachtlich hält. Der formelle Ausschluß von der Versammlung vermag dann als solcher das Teilnahmerecht nicht aufzuheben; nur ein berechtigter Ausschluß von der Versammlung beseitigt das Teilnahmerecht und läßt die Einschränkung des Hausrechts entfallen[3].

III. Kritik

Gegen eine solche an den Bestand bzw. den Verlust des Teilnahmerechts gebundene Einschränkung des Hausrechts am Versammlungsraum sind indessen dieselben Bedenken geltend zu machen, die schon gegen die Lehre vom Wiederaufleben des Hausrechts des Arbeitgebers bei Rechtswidrigkeit der Betriebsversammlung und gegen die Auffassung vom Teilnahmerecht als gegenüber dem Arbeitgeber eigenmächtig durchsetzbarem Recht auf Zugang zum Versammlungsraum erhoben worden sind:

Die Abwehrrechte aus dem Besitz sind im Interesse der Rechtssicherheit davon unabhängig, welche Berechtigungen und Verpflichtungen der Beteiligten im einzelnen bestehen mögen. Das Recht zur Gewaltanwendung soll mit dem Besitz an möglichst eindeutige, jedenfalls von diffizilen Rechtmäßigkeitserwägungen unabhängige Voraussetzungen gebunden werden.

Will man dem Versammlungsleiter den Besitzschutz nur gegenüber nicht zur Teilnahme an der Versammlung berechtigten Personen zugestehen, so bedeutet letztlich jeder Streit um das Teilnahmerecht zugleich einen Streit um die Zulässigkeit der auf den Besitz am Versammlungsraum gestützten Abwehrmaßnahmen.

1. Die Grenzen des Teilnahmerechts

Bestreitet etwa der Betriebsratsvorsitzende als Leiter der Betriebsversammlung gegenüber einem teilnahmewilligen Gewerkschaftsbeauftragten dessen Teilnahmeberechtigung, so wird sich nur in seltenen Fällen die Rechtmäßigkeit dieser Weigerung klar und eindeutig bestimmen lassen. Nach herrschender betriebsverfassungsrechtlicher Auffassung soll das Teilnahmerecht einer an sich zur Teilnahme an der Betriebsversammlung befugten Person nämlich nur unter der Voraussetzung entfallen, daß die Wahrnehmung des Teilnahmerechts einen Rechtsmißbrauch darstellen würde. Um einen solchen Vorwurf zu begründen, bedarf es indessen der Würdigung sämtlicher Umstände des

---

[3] *Ott*, § 10 VersG Rdnr. 2; *Potrykus*, § 10 VersG Anm. 2.

Einzelfalles. Zu einer über jeden rechtlichen Zweifel erhabenen Entscheidung werden weder der zugangswillige Versammlungsteilnehmer noch der Betriebsratsvorsitzende als Leiter der Betriebsversammlung in der Lage sein.

Hält man — wie dies im versammlungsrechtlichen Schrifttum vertreten wird[4] — einen zu Unrecht zurückgewiesenen Versammlungsteilnehmer für befugt, sich eigenmächtig Zugang zum Versammlungsraum zu verschaffen, so droht damit die Gefahr, daß es um die Durchsetzung des Teilnahmerechts zu tätlichen Auseinandersetzungen kommen könnte.

2. Der Ausschluß von der Versammlung

Noch deutlicher tritt die Problematik einer Einschränkung des Hausrechts durch das Teilnahmerecht für den Fall hervor, daß eine zunächst zur Teilnahme an der Versammlung zugelassene Person vom Versammlungsleiter wegen einer angeblichen oder tatsächlichen Ordnungsstörung von der Versammlung ausgeschlossen und aus dem Versammlungsraum gewiesen wird.

Nach der Regelung des Versammlungsgesetzes kommt ein Ausschluß von der Versammlung nur als letzte und schwerste Ordnungsmaßnahme in Betracht. Voraussetzung für eine solche Sanktion ist das Vorliegen einer „gröblichen Ordnungsstörung" (§ 11 Abs. 1 VersG). Eine solche soll nach versammlungsrechtlicher Auffassung vorliegen, wenn die Störung nach Form und Inhalt als besonders schwerwiegend empfunden wird[5]. Letztlich kann hierfür immer nur die Beurteilung des Einzelfalles entscheidend sein.

So können sich beispielsweise Zwischenrufe oder sogar auch Sprechchöre durchaus im Rahmen zulässiger Meinungsäußerung halten. In anderen Fällen hingegen kann darin bereits eine Ordnungsstörung liegen. Je nach Intensität und Zielrichtung wird ein solches Verhalten im Einzelfall sogar eine „gröbliche Störung" der Versammlung im Sinne des § 11 Abs. 1 VersG darstellen[6].

Dieselben Schwierigkeiten zeigen sich, wenn etwa Beleidigungen, unsachliche Bemerkungen und ähnliches beurteilt werden sollen. Wie schwerwiegend ein derartiges Fehlverhalten eines Versammlungsteilnehmers wiegt, läßt sich jeweils nur unter Berücksichtigung der Umstände des Einzelfalls bestimmen. Während häufig ein Eingreifen des Versammlungsleiters überhaupt entbehrlich sein wird, kann in ande-

---

[4] Vgl. oben § 3 II 1 bei FN 18.

[5] *Dietel / Gintzel*, § 11 VersG Rdnr. 4.

[6] Beispiel: Durch anhaltende Sprechchöre soll eine bestimmte Meinungsäußerung endgültig unterbunden werden.

ren Fällen ein Ordnungsruf notwendig sein. In besonders schweren und hartnäckigen Fällen kommt schließlich auch ein Ausschluß von der Versammlung nach § 11 Abs. 1 VersG in Betracht. Die genannten Fehlverhaltensweisen lassen sich somit nach ihrer Intensität unterscheiden, die Grenzen sind jedoch fließend.

Weitere Abgrenzungsschwierigkeiten ergeben sich schließlich aus der Aufgabe des Versammlungsleiters, dafür zu sorgen, daß die Versammlung ihren thematischen Rahmen nicht überschreitet. Zwar bedeutet selbst eine weit neben der Sache liegende „Abschweifung" noch keinen Ordnungsverstoß, so daß ein Ausschluß von der Versammlung zunächst gar nicht in Frage steht. Nicht selten werden jedoch der Versammlungsleiter und der betreffende Diskussionsredner verschiedener Ansicht darüber sein, ob ein bestimmter Beitrag zum Thema der Versammlung gehört. Fordert der Versammlungsleiter in einem solchen Fall den Redner auf, zur Sache zu sprechen, fährt dieser jedoch mit den umstrittenen Ausführungen weiter fort, so kann der Versammlungsleiter dem Redner das Wort entziehen und ihm im Wiederholungsfall auch ein Sprechverbot auferlegen. Führt auch diese Maßnahme nicht zum Erfolg, so kommt schließlich der Ausschluß von der Versammlung in Betracht. Ausschlußgrund ist dann allerdings nicht die „Abschweifung", sondern die beharrliche Weigerung des Versammlungsteilnehmers, den Anweisungen des Versammlungsleiters zu folgen. Die sachliche Berechtigung der Ausschlußmaßnahme hängt allerdings letztlich davon ab, ob der beanstandete Diskussionsbeitrag tatsächlich als unzulässig anzusehen war.

Selbst wenn man dem Versammlungsleiter in allen angeführten Fällen einen großzügigen Beurteilungsspielraum einräumen will, werden sich Zweifel, ob nicht im Einzelfall ein Ausschluß von der Versammlung die Grenzen dieses Spielraums überschreitet, nicht vermeiden lassen. Unter diesen Umständen besteht die Gefahr, daß sich der aus dem Versammlungsraum gewiesene Teilnehmer auf sein angeblich fortbestehendes Teilnahmerecht berufen und seiner Entfernung aus dem Versammlungsraum widersetzen wird.

3. Der Sinn des Hausrechts

Sowohl bei der Zurückweisung nicht zum zugelassenen Teilnehmerkreis der Versammlung gehörender Personen als auch beim Ausschluß von der Versammlung wegen gröblicher Ordnungsstörung lassen sich nach alledem Zweifelsfälle und rechtliche Unsicherheiten nicht vermeiden. Gerade hierin liegt indessen der Grund dafür, daß das Betriebsverfassungsgesetz wie auch das Versammlungsgesetz von der Notwendigkeit ausgehen, daß jede Versammlung einen Versammlungsleiter haben muß, der aufgrund der ihm zugewiesenen Befugnisse das Versammlungsgeschehen zu beherrschen vermag. Der Sinn einer solchen Versammlungsleitung erschöpft sich also nicht etwa in der Beachtung bestimmter Formalien (Bekanntgabe der Tagesordnung u. ä.); die Aufgabe des Versammlungsleiters gewinnt ihre eigentliche Bedeutung vielmehr gerade dann, wenn lenkende und ordnende Eingriffe in die Versammlung erforderlich werden. Die in jeder Versammlung regelmäßig vertretenen Gruppen- und Interessengegensätze tragen die ständige Möglichkeit eines Konflikts in sich; wenn sich derartige Auseinandersetzungen nicht nach jeweiliger Durchsetzungskraft der beteiligten Interessen, sondern nach rechtlichen Regeln vollziehen sollen, muß mit der Aufgabe der Versammlungsleitung zugleich die Befugnis verbunden sein, in schwierigen Abgrenzungsfragen auch rechtlich zweifelhaften Entscheidungen Verbindlichkeit zu verleihen. Diesem Ziel dient es, wenn dem Versammlungsleiter neben dem Leitungsrecht auch die mit dem Begriff des Hausrechts umschriebenen Abwehrrechte aus dem Besitz zugewiesen werden, die nach dem Gesetz an keine weitere Voraussetzung als an die Innehabung der tatsächlichen Gewalt gebunden sind. Die These von der Einschränkung des Hausrechts durch das Teilnahmerecht nimmt der Hausrechtszuweisung ihren Sinn, indem die — durch den Hinweis auf den Besitz bewußt abgeschnittenen — Rechtmäßigkeitserwägungen doch wieder Eingang in die rechtliche Bewertung finden sollen.

IV. Ergebnis

Entgegen der im versammlungsrechtlichen Schrifttum vertretenen Auffassung kommt daher eine Einschränkung der als Hausrecht bezeichneten besitzrechtlichen Abwehrbefugnisse des Betriebsratsvorsitzenden als Leiter der Betriebsversammlung nicht in Betracht. Das Recht auf Teilnahme an der Betriebsversammlung bestimmt zwar die Pflichtenstellung des Betriebsratsvorsitzenden als Versammlungsleiter, so daß unzulässige Eingriffe in das Teilnahmerecht durch rechtswidrige Leitungsmaßnahmen möglicherweise als Pflichtverletzungen nach § 23 Abs. 1 BetrVG sanktioniert werden können; die Verbindlichkeit einer auf das Hausrecht gestützten Entscheidung des Versammlungsleiters wird davon jedoch nicht berührt. Die Aufgabe der Versammlungsleitung macht es erforderlich, daß auch rechtlich zweifelhafte Ordnungsmaßnahmen von den Versammlungsteilnehmern beachtet werden.

Zusammenfassung

I. Die von der herrschenden Meinung vertretene These, die Betriebsversammlung verliere bei erheblichen Verstößen gegen das Betriebsverfassungsgesetz ihren Charakter als Betriebsversammlung, ist abzulehnen. Die scharfe begriffliche Trennung in ordnungsgemäße Betriebsversammlungen einerseits und Nicht-Betriebsversammlungen andererseits bringt nahezu unlösbare Abgrenzungsschwierigkeiten mit sich; diese lassen bei den an die Trennung geknüpften weitreichenden Rechtsfolgen entsprechende Unsicherheiten und Unbilligkeiten entstehen. Die Frage, welche Rechtsfolgen eintreten sollen, wenn die Betriebsversammlung von bestimmten Normen des Betriebsverfassungsrechts abweicht, kann nicht mit Hilfe der These vom Verlust des Betriebsversammlungscharakters, sondern nur durch Auslegung der verletzten Norm nach deren Sinn und Zweck beantwortet werden.

II. Sowohl der von der herrschenden Meinung verwendete Begriff des „Hausrechts" als auch die Konstruktionen von „Übergang", „Heimfall", „unmittelbarer" oder „mittelbarer Einschränkung" des Hausrechts lassen eine klare dogmatische Grundlage nicht erkennen. Dasselbe gilt für die Verwendung des Hausrechtsbegriffs außerhalb des betriebsverfassungsrechtlichen Schrifttums. Entgegen der herrschenden Auffassung, die bei ihrer Lösung der Betriebsversammlungsproblematik an einem unscharfen Begriff des allgemeinen Sprachgebrauchs ansetzt, bietet allein die Suche nach den rechtlichen Grundlagen des Hausrechts die Gewähr dafür, daß die in den einschlägigen Normen zum Ausdruck kommenden Prinzipien und Wertenscheidungen des Gesetzes nicht unberücksichtigt bleiben.

III. Im Unterschied zur herrschenden Lehre, die das Hausrecht je nach rechtmäßigem oder rechtswidrigem Verlauf der Betriebsversammlung mal dem Betriebsratsvorsitzenden, mal dem Arbeitgeber zuweisen will, ist die besitzrechtliche Regelung des BGB von derartigen Rechtmäßigkeitsfragen unabhängig. Der hierin zum Ausdruck kommende Gedanke des Rechtsfriedens und der Rechtssicherheit verdient im Hinblick auf die Ordnungsaufgabe der Versammlungsleitung auch und gerade in der Betriebsversammlung Beachtung. An die Stelle des unscharfen Hausrechtsbegriffs tritt damit die besitzrechtliche Regelung der §§ 854 ff. BGB.

IV. Die sich damit ergebende Frage nach den Besitzrechtsverhältnissen am Betriebsversammlungsraum läßt sich nicht aus einer anhand der Lebensanschauung zu beurteilenden „gewissen Festigkeit und Dauer" der tatsächlichen Herrschaftsmacht ermitteln. Richtiger Ansicht nach stellt der Besitz einen wertausfüllungsbedürftigen Begriff dar, der im Zusammenhang mit dem vom Gesetz bezweckten Regelungsziel verstanden werden muß. Tatsächliche Gewalt im Sinne des § 854 Abs. 1 BGB hat danach derjenige, dem das vorrangige Interesse daran zusteht, im Streitfall den eigenen Standpunkt mit den Mitteln des Besitzschutzes behaupten zu können (Kontinuitätsinteresse).

V. Im Konflikt zwischen Arbeitgeber und Betriebsratsvorsitzenden als Versammlungsleiter gebührt letzterem im Interesse der Unabhängigkeit der Betriebsversammlung der Vorrang. Ein eigenmächtiges Eingreifen des Arbeitgebers in die Betriebsversammlung ist mit der Aufgabe einer selbständigen und unabhängigen Versammlungsleitung nicht vereinbar. Der Betriebsratsvorsitzende bedarf in Anbetracht der vom Gesetz nur unklar umrissenen Rechtmäßigkeitsgrenzen der Betriebsversammlung eines weiten Beurteilungs- und Ermessensspielraums. Dieser darf nicht durch ein übergeordnetes Kontrollrecht des Arbeitgebers eingeschränkt werden. Finanzielle Nachteile, wie sie dem Arbeitgeber durch einen rechtswidrigen Versammlungsablauf entstehen, mutet das Betriebsverfassungsgesetz diesem auch sonst ohne eigenmächtige Abhilfemöglichkeit zu. Zur Verteidigung von körperlicher Unversehrtheit, Ehre und Eigentum bleibt der Arbeitgeber nach § 227 BGB befugt.

VI. An den Zugangswegen zum Betriebsversammlungsraum hat allein der Arbeitgeber den Besitz. Andernfalls würde seine Kompetenz, den Zugang zum Betriebsgelände zu kontrollieren, in unzulässiger Weise beschränkt. Gegenüber den Besitzschutzrechten des Arbeitgebers gibt das Recht zur Teilnahme an der Betriebsversammlung keine Befugnis zu eigenmächtiger Durchsetzung.

VII. Die Besitzschutzrechte geben dem Arbeitgeber zwar die tatsächliche Möglichkeit, den Zugang zum Versammlungsraum auch ohne Grund zu verwehren. Der Arbeitgeber ist jedoch verpflichtet, im Rahmen der Betriebsversammlung von seinem Hausrecht an den Zugangswegen zum Versammlungsraum keinen Gebrauch zu machen. Dies gilt nicht nur, soweit im Einzelfall tatsächlich ein Recht zur Teilnahme an der Betriebsversammlung besteht; vielmehr darf der Arbeitgeber von seinen besitzrechtlichen Abwehrbefugnissen nur Gebrauch machen, wenn sich das Verhalten eines Versammlungsteilnehmers gegen den Betrieb als solchen richtet. Eine inhaltliche Kontrolle des Betriebsversammlungsgeschehens mit Hilfe des Hausrechts an den Zugangswegen ist demgegenüber unzulässig.

VIII. Das Teilnahmerecht kann notfalls mit Hilfe des Arbeitsgerichts — auch durch einstweilige Verfügung — durchgesetzt werden. Daneben kommen als Sanktionen gegen eine mißbräuchliche Beeinträchtigung des Teilnahmerechts sowohl ein Verfahren wegen Verletzung betriebsverfassungsrechtlicher Pflichten nach § 23 Abs. 3 BetrVG als auch ein Strafverfahren wegen Behinderung der Betriebsratstätigkeit nach § 119 Abs. 1 Z. 2 BetrVG in Betracht. Gegebenenfalls muß schließlich die Betriebsversammlung wiederholt werden, was entsprechende Kostenfolgen für den Arbeitgeber nach sich zieht.

IX. Im Verhältnis der Rechte von Betriebsratsvorsitzendem als Versammlungsleiter und den einzelnen Versammlungsteilnehmern gebührt der Aufgabe der Versammlungsleitung der unbedingte Vorrang. In Anbetracht der schwierigen Abgrenzungsfragen, die dem Versammlungsleiter nach der Regelung des Betriebsverfassungsgesetzes zur Entscheidung überlassen sind, erfordert die Aufgabe der Versammlungsleitung zugleich die Befugnis, selbst rechtlich zweifelhaften Entscheidungen Verbindlichkeit zu verleihen. Diesem Ziel dient es, wenn dem Versammlungsleiter neben dem Leitungsrecht auch das Hausrecht am Versammlungsraum zugewiesen wird. Das Recht auf Teilnahme an der Betriebsversammlung bestimmt danach zwar die Pflichtenstellung des Betriebsratsvorsitzenden, so daß unzulässige Eingriffe in das Teilnahmerecht durch rechtswidrige Leitungsmaßnahmen möglicherweise nach § 23 Abs. 1 BetrVG sanktioniert werden können; die Verbindlichkeit einer auf das Hausrecht gestützen Entscheidung des Versammlungsleiters wird davon jedoch nicht berührt.

Literaturverzeichnis*

Baur: Lehrbuch des Sachenrechts, 9. Aufl., München 1977

Bendix: Die sitzungspolizeilichen Befugnisse des Vorsitzenden gegenüber dem Verteidiger, JW 1925, S. 901

Beyer: Die Entfernung von störenden Zuhörern aus dem Gerichtssaal, DRiZ 1972, S. 284

Blei: Strafrecht, II. Besonderer Teil, 10. Aufl., München 1976

Blume: Normen und Wirklichkeit einer Betriebsverfassung, Tübingen 1964

Brecht: Kommentar zum Betriebsverfassungsgesetz nebst Wahlordnung, Herne 1972

Bobrowski/Gaul: Das Arbeitsrecht im Betrieb von der Einstellung bis zur Entlassung, 6. Aufl., Heidelberg 1970

Dersch/Flatow/Hueck/Nipperdey: Die Rechtsprechung des Reichsgerichts zum Arbeitsrecht, Bd. II, Mannheim 1929

Dieckhoff: Zur Einschränkung des Hausrechts des Arbeitgebers, AuR 1958, S. 178 f.

Dietel / Gintzel: Demonstrations- und Versammlungsfreiheit, 5. Aufl., Köln 1977

Dietz: Personalvertretungsgesetz, München 1956

— Anmerkung zu BAG AP Nr. 1 zu § 45 BetrVG (1952)

Dietz/Richardi: Betriebsverfassungsgesetz, 5. Aufl., München 1972

Dreher: Strafgesetzbuch und Nebengesetze, 37. Aufl., München 1977

Eichler: Institutionen des Sachenrechts, Bd. II/1, Eigentum und Besitz, Berlin 1957

Engelhard/Ballerstedt: Personalvertretungsgesetz für das Land Niedersachsen, 3. Aufl., Neuwied 1973

Erdmann/Jürging/Kammann: Betriebsverfassungsgesetz, Neuwied 1972

Erman: Handkommentar zum Bürgerlichen Gesetzbuch, 2. Band, 6. Aufl., Münster 1975
(zit.: Erman/Bearbeiter)

Esser: Vorverständnis und Methodenwahl in der Rechtsfindung, Frankfurt 1972

---

* Die Abkürzungen richten sich nach dem Abkürzungsverzeichnis der Rechtssprache von Kirchner, 2. Aufl., Berlin 1968.
Paragraphen ohne Gesetzesangabe sind solche des BetrVG.

Fabricius/Kraft/Thiele/Wiese: Betriebsverfassungsgesetz, Gemeinschaftskommentar, Neuwied o. J.
(zit.: Bearbeiter/GK)

Feig/Sitzler: Betriebsrätegesetz, 13. und 14. Aufl., Berlin 1931

Fitting/Auffarth/Kaiser: Betriebsverfassungsgesetz, 12. Aufl., München 1977

Fitting/Heyer/Lorenzen: Personalvertretungsgesetz, 3. Aufl., Hamburg 1964

Flatow: Kommentar zum Betriebsrätegesetz, Berlin 1920

— Anmerkung zu RG, Urteil vom 22. 11. 1926, in: Dersch/Flatow/Hueck/Nipperdey, Die Rechtsprechung des Reichsgerichts zum Arbeitsrecht, Bd. II, Mannheim 1929, S. 154 (157)

— Anmerkung zu RG, Urteil vom 20. 4. 1931, ARS 12, S. 606

— Anmerkung zu RAG, Beschluß vom 19. 12. 1931, ARS 14, S. 264 (269)

— Anmerkung zu RAG, Beschluß vom 16. 4. 1932, ARS 14, S. 573 (575)

Flatow/Kahn-Freund: Betriebsrätegesetz, 13. Aufl., Berlin 1931

Frank: Das Strafgesetzbuch für das Deutsche Reich, 18. Aufl., Tübingen 1931

Frauenkron: Betriebsverfassungsgesetz mit Wahlordnung, Stuttgart 1972

Frühling: Das Hausrecht öffentlicher Einrichtungen, Diss. Göttingen 1963

Füßlein: Versammlungsgesetz, Berlin 1954

Galperin/Löwisch: Kommentar zum Betriebsverfassungsgesetz, Bd. I, 5. Aufl., Heidelberg 1975

Galperin/Siebert: Kommentar zum Betriebsverfassungsgesetz, 4. Aufl., Heidelberg 1963

v. Gierke: Das Sachenrecht des bürgerlichen Rechts, 4. Aufl., Berlin 1959

Glaubitz: Parteipolitische Betätigung im Betrieb, BB 1972, S. 1277

Gnade/Kehrmann/Schneider: Betriebsverfassungsgesetz, Köln 1973

Grabendorff/Windscheid/Ilbertz: Bundespersonalvertretungsgesetz, 3. Aufl., Stuttgart 1975

Gross: Das Hausrecht des Arbeitgebers in der Betriebsverfassung, RdA 1953, S. 91 ff.

Gürteler: Betriebsrätegesetz vom 4. 2. 1920, Hamburg o. J.

Halberstadt/Zander: Handbuch zum Betriebsverfassungsrecht, 2. Aufl., Köln 1972

Hamann/Lenz: Das Grundgesetz für die Bundesrepublik Deutschland vom 23. 5. 1949, 3. Aufl., Neuwied 1970

Heck: Grundriß des Sachenrechts, Tübingen 1930

Herschel: Schadensersatz bei Behinderung und Störung der Betriebsversammlung, DB 1975, S. 690 ff.

Hesse: Grundzüge des Verfassungsrechts der Bundesrepublik Deutschland, 10. Aufl., Karlsruhe 1977

Hesselberger: Der Hausfrieden und seine Verletzung bei Miet- und privatrechtlichen Dienstverhältnissen, Diss. München 1931

Höhne: Der Beratungsgegenstand der Betriebsversammlung nach dem Betriebsverfassungsgesetz, BB 1953, S. 770 ff.

Hueck/Nipperdey: Lehrbuch des Arbeitsrechts, Bd. I, 7. Aufl., Berlin 1961, Bd. II/2, 7. Aufl., Berlin 1970

Jaenecke: Einschränkung des Hausrechts des Arbeitgebers durch arbeitsrechtliche Normen, DB 1957, S. 380 ff.

Jauer: Der Hausfrieden und seine besondere Berücksichtigung im geltenden Schuldrecht, Diss. Erlangen 1931

Joachim: Das Hausrecht des Arbeitgebers gegenüber Gewerkschaftsvertretern, BetrVerf 1954, Heft 9, S. 8 ff.

Kern: Schutz des Lebens, der Freiheit und des Heims, in: Neumann/Nipperdey/Scheuner, Die Grundrechte, Bd. II, 2. Aufl., Berlin 1968, S. 51 ff.

Kern/Wolf: Gerichtsverfassungsrecht, 5. Aufl., München 1975

Kleine: Der Kurzbesitz, Emsdetten 1937

Klingelhöfer: Teilnahme von Gewerkschaftsvertretern an Betriebsratssitzungen und Betriebsversammlungen, Die Mitbestimmung 1959, S. 145 ff.

Knemeyer: Öffentlich-rechtliches Hausrecht und Ordnungsgewalt, DÖV 1970, S. 596 ff.

— Janusköpfiges Hausrecht?, DÖV 1971, S. 303

Knoke: Betriebliche Ordnungsgewalt in Räumlichkeiten des Verwaltungsvermögens, AöR 94, S. 388 ff.

Kraft: Das Teilnahmerecht der Beauftragten der Gewerkschaften an den Betriebsversammlungen, AuR 1961, S. 230

Krause: Rechtsformen des Verwaltungshandelns, Berlin 1974

Kremp: Das Zugangsrecht der Gewerkschaftsbeauftragten zum Betrieb nach dem BetrVG 1972, AuR 1973, S. 193 ff.

Küchenhoff: Betriebsverfassungsgesetz, 2. Aufl., Münster 1974

Kuhn / Sabottig / Schneider / Thiel / Wehner: Bundespersonalvertretungsgesetz, Köln 1975

Larenz: Methodenlehre der Rechtswissenschaft, 3. Aufl., Berlin 1975

Leibholz/Rinck: Grundgesetz für die Bundesrepublik Deutschland, 5. Aufl., Köln 1975

Leinius: Zum Verhältnis von Sitzungspolizei, Hausrecht, Polizeigewalt, Amts- und Vollzugshilfe, NJW 1973, S. 448

Leipziger Kommentar: begründet von Ebermeyer, Lobe, Rosenberg, hrsg. v. Baldus u. Willms, 2. Bd., 9. Aufl., Berlin 1974
(zit.: Bearbeiter/LK)

Lent/Schwab: Sachenrecht, 15. Aufl., 1976

Lepke: Der Anspruch auf Beschäftigung, Diss. Berlin 1966

von Liszt/Schmidt: Lehrbuch des Deutschen Strafrechts, 25. Aufl., Berlin 1927

Löwe/Rosenberg: Die Strafprozeßordnung und das Gerichtsverfassungsgesetz, 22. Aufl., Berlin 1974

Mager/Wisskirchen: Betriebsverfassungsgesetz, Köln 1971

v. Mangoldt/Klein: Das Bonner Grundgesetz, Bd. I, 2. Aufl., Berlin 1964

Mansfeld: Betriebsrätegesetz, 3. Aufl., Mannheim 1930

Maunz: Deutsches Staatsrecht, 21. Aufl., München 1977

Maunz/Dürig/Herzog: Grundgesetz, Bd. I und II, Lieferung 1—14, München 1976

Maus: Handbuch des Arbeitsrechts, Teil X Betriebsverfassungsrecht, Baden-Baden, Stand: Nov. 1976

Maurach: Deutsches Strafrecht, Besonderer Teil, 5. Aufl., Karlsruhe 1969

Mayer-Maly: Anm. zu BAG, SAE 1964, S. 165

— Anm. zu BAG AP Nr. 2 zu § 45 BetrVG

Meissinger: Betriebsverfassungsgesetz, München 1952

Mießner: Die Betriebsversammlung und das Hausrecht des Arbeitgebers, Diss. Köln 1970

Molitor: Bundespersonalvertretungsgesetz, 2. Aufl., Berlin 1958

von Münch: Grundgesetzkommentar, Bd. 1, München 1975, Bd. 2, München 1976

Neumann-Duesberg: Betriebsverfassungsrecht, Berlin 1960

— Das gewerkschaftliche Betriebsversammlungs-Teilnahmerecht, BB 1965, 1399 ff.

Nikisch: Arbeitsrecht, Bd. I, 3. Aufl., Tübingen 1961, Bd. III, 2. Aufl., Tübingen 1966

Nipperdey: Die Würde des Menschen, in: Neumann/Nipperdey/Scheuner, Die Grundrechte, Bd. II, 2. Aufl., Berlin 1968, S. 1 ff.

Ott: Gesetz über Versammlungen und Aufzüge, Stuttgart 1969

Palandt: Bürgerliches Gesetzbuch, 37. Aufl., München 1978 (zit.: Palandt/Bearbeiter)

Planck: Kommentar zum Bürgerlichen Gesetzbuch nebst Einführungsgesetz, 3. Bd., Sachenrecht, 5. Aufl., Berlin 1933 (zit. Planck/Bearbeiter)

Potrykus: Versammlungsgesetz, in: Erbs/Kohlhaas, Strafrechtliche Nebengesetze, Bd. III, 2. Aufl., München, Stand: 40. Erg. Lieferung (1976)

Preisendanz: Strafgesetzbuch, 29. Aufl., Berlin 1975

Priebe: Die Betriebsversammlung, Schlichtungswesen 1924, S. 215 f.

Radtke: Über die Grenzen der Diskussionsfreiheit in der Betriebsversammlung, AuR 1957, S. 129 ff.

Reckenfelderbäumer: Anmerkung zu ArbG Duisburg, SAE 1952, S. 127 f.

Rengier: Die Personalvertretungen der Beamten, Angestellten, Arbeiter und Soldaten, Hamburg 1960

Rewolle/Lorentz: Kommentar zum Personalvertretungsgesetz, Göttingen 1955

Reichsgerichtsräte-Kommentar: Das Bürgerliche Gesetzbuch, Kommentar hrsg. von Reichsgerichtsräten und Bundesrichtern, 12. Aufl., 19. Lieferung, Berlin1975
(zit.: RGRK/Bearbeiter)

Röhsler: Das Hausrecht des Arbeitgebers, Arbeitsrecht-Blattei D, Hausrecht I

— Zum Recht des Gewerkschaftsvertreters, den Betrieb zu betreten, AuR 1959, S. 353 ff.

Rudolphi/Horn/Samson/Schreiber: Systematischer Kommentar zum Strafgesetzbuch, Bd. 2, Besonderer Teil, Frankfurt, Stand: Juli 1976
(zit.: Bearbeiter/SK)

Rüthers: Rechtsprobleme der Organisation und der Thematik von Betriebsversammlungen, ZfA 1974, S. 207 ff.

Säcker: Direktions- und Hausrecht als Abwehrrechte gegen gewerkschaftliche Betätigung im Betrieb, BB 1966, S. 700 ff.

— Probleme der Lohnausfallerstattung bei Betriebsversammlungen, DB 1965, S. 1856

Schall: Die Schutzfunktion der Strafbestimmungen gegen den Hausfriedensbruch, Berlin 1974

Schlüter/Dudenbostel: Das „Haus- und Ordnungsrecht“ bei Betriebsversammlungen, DB 1974, S. 2350 ff.

— Sanktionen des Arbeitgebers bei Störungen der Betriebsversammlung, DB 1974, S. 2473 ff.

Schmidt-Bleibtreu/Klein: Kommentar zum Grundgesetz für die Bundesrepublich Deutschland, 4. Aufl., Neuwied 1977

Schmidt: Das öffentliche Hausrecht, Diss. Münster 1965

Schönke/Schröder: Strafgesetzbuch, 18. Aufl., München 1976
(zit.: Schönke/Schröder/Bearbeiter)

Schüssler: BetrVG-Entscheidungen, München 1974 ff.

Soergel/Siebert: Bürgerliches Gesetzbuch, Bd. 4, Sachenrecht, Stuttgart 1968
(zit.: Soergel/Bearbeiter)

Staudinger: Kommentar zum Bürgerlichen Gesetzbuch, III. Bd., 1. Teil, 11. Aufl., Berlin 1956
(zit.: Staudinger/Bearbeiter)

Stege/Weinspach: Betriebsverfassungsgesetz, 2. Aufl., Köln 1975

Stein: Staatsrecht, 5. Aufl., Tübingen 1976

Stevens: Wesen, Rechtsnatur und Aufgabe der Betriebsversammlung, Diss. Köln 1966

Stürner: Anmerkung zu BGH JZ 1972, S. 663

Vogt: Die Betriebsversammlung, 3. Aufl., Heidelberg 1977

Wagner: Die Betriebsversammlung, insbesondere ihre Zuständigkeit, DB 1954, S. 976

Welzel: Das Deutsche Strafrecht, 11. Aufl., Berlin 1969

Wenzel: Grundlinien des Arrestprozesses, MDR 1967, S. 889 ff.

Westermann: Sachenrecht, 5. Aufl., Karlsruhe 1969

Wiesmüller: Die Zuständigkeit der Betriebsversammlung, Diss. Erlangen 1963

Willms: Sitzungspolizei und Öffentlichkeit der Verhandlung, JZ 1972, S. 653 f.

Wölbling/Schultz/Sell: Betriebsrätegesetz, Berlin 1926

Wolff/Bachof: Verwaltungsrecht I, 9. Aufl., München 1974

— Verwaltungsrecht II, 4. Aufl., München 1976

Wolff/Raiser: Sachenrecht, 10. Aufl., Tübingen 1957

Zöller: Zivilprozeßordnung, 11. Aufl., München 1974

FSC
www.fsc.org
MIX
Papier | Fördert gute Waldnutzung
FSC® C083411

Kolibri 360 GmbH
Ferdinand-Jühlke-Straße 7
99095 Erfurt, Deutschland
produktsicherheit@kolibri360.de

Druck:
CPI Druckdienstleistungen GmbH
im Auftrag der
Kolibri 360 GmbH
Ferdinand-Jühlke-Str. 7
99095 Erfurt